팝,
경제를
노래하다

일러두기

- 곡·영화·방송 제목은「 」로, 음반·책·잡지·신문의 제목은『 』로 묶어 표기했습니다.
- 외래어표기는 국립국어원의 표기를 따르는 것을 원칙으로 했으나 예외를 둔 것도 있습니다.
  (예: 펫 샵 보이즈, 알앤비 등)
- 영어 노래 제목과 가사는 모두 번역하는 것을 원칙으로 했으며 원곡을 알아볼 수 있도록 원문을 병기했습니다.
- 이 책에 사용된 사진의 출처는 다음과 같습니다.
  Redferns/멀티비츠: p.83 | Getty Images/멀티비츠: p.181 | ⓒMichael Ochs Archives/Corbis: p.33 | ⓒHulton-Deutsch Collection/CORBIS: p.47, 75 | ⓒCORBIS: p.127 | ⓒBettmann/CORBIS: p.107 | ⓒTim Mosenfelder/CORBIS: p.192 | ⓒSplash News/Corbis: p.215 | ⓒ연합뉴스: p.22, 201
- 이 책에 사용된 사진의 일부는 저작권자를 찾지 못했습니다. 저작권자가 확인되는 대로 정식 동의 절차를 밟겠습니다.

팝, 경제를 노래하다

대공황에서 세계금융위기까지
대중음악으로 본 자본주의

임진모 지음

아트북스

음악으로 세상을 이해하고, 경제로 음악을 읽다

　대학 입시에 시달리던 학창 시절에 미국 밴드 이글스Eagles의 「호텔 캘리포니아」에 헤어날 수 없을 정도로 깊이 빠졌었다. 특히 곡의 후반부, 마치 혼을 빼앗듯 두 기타리스트가 주고받으며 구사하는 드라마틱한 하모니 연주는 입을 떡 벌리게 하는 것이었다. 그 탁월함이 주는 감동과 '이런 연주를 누가 해?' 하는 경외감은 거의 40년이 흐른 지금도 각별하다.

　1977년 「호텔 캘리포니아」가 전미 차트 정상을 차지하며 절정의 인기를 누리던 무렵, 음악의 해석하기와 말하기의 기준을 제공한 한 해외 시사주간지에서 이 곡을 가리켜 '아메리칸 드림의 상실이라는 주제의식과 함께 캘리포니아로 대표되는 미국의 뒤안길을 쓰라리게 해부한 노래'라고 정의한 것을 읽은 적이 있다. 다시 말해 자본주의의 정상인 미국 경제가 실은 병들었으며, 미국은 기울고 있는 나라라는 논지였다.

　곡의 멜로디와 전개의 미학에 허우적대던 사람에게 이러한 담론은 생경하게 느껴졌고 '뮤지션들이 뭐 그렇게 진지하게 생각했을까' 하는 의구심을 갖기도 했다. 솔직히 그런 인상들에 앞서 노랫말이 너무 난해했다. 하지만 로버트 힐번과 같은 유명 저널리스트가 "이글스는 1970년대에 만연한 자아도취와 씨름한 몇 안 되는 그룹"이라고 했듯 장밋빛이 사라진 경제현실에 기초한 이러한 비평적 진단은 단지 음악 듣기가 좋았던, 좋게 말해서 음악의 예술성만을 신봉하던 평론가 지망 청년을 점점 더 초라하게 만들었다.

이글스의 곡 접근을 두고 조금은 인위적이고 어설퍼서 혐오스럽기 짝이 없다는 누군가의 신랄한 비판이 조금 위로를 주긴 했지만 음악 비평에는 '정치와 경제를 포괄한 사회성'이라고 하는 또 하나의 장치가 있음을 확인하게 되면서 머릿속이 혼란스러워졌다. 「호텔 캘리포니아」에게 주어진 이러한 의미망이 해석의 중요한 포인트가 된다는 것을 시간이 갈수록 인정해야 했다. 시대적 배경과 맥락이 음악의 숨겨진 메시지를 푸는 열쇠나 같았다고 할까.

한편 이 또한 난감했다. 미국의 경제 형편이 이전 1960년대와 달리 1970년대 들어 악화되었음에도 불구하고 어스 윈드 앤 파이어, 쿨 앤 더 갱, 오제이스, 쉭, 펑카델릭, 도나 섬머 등 흑인 펑크Funk와 특히 디스코 가수들의 음악은 세상 좋다는 듯 신나게 리듬을 굴리는 쪽으로 질주해간 것 말이다. 대중음악 역사에서 늘 존재해온 경향이자 지금도 그러한데, 현실과 음악의 지향이 빗나간 것이다. 그러나 당시 나의 직선적인 사고로는 이해가 안 되는 배반의 양상이었다. 이 경우는 상기한 이글스와 역시 당대의 앵그리 펑크Punk 록과 달리 당시 경제에 대한 작용 아닌 반작용의 산물이었음을 깨치는 데 역시 많은 시간을 보내야 했다. 세상 물정을 등진 무작정의 환희, 주변 정세에 대한 무덤덤함, 나태, 무관심 그리고 조롱과 같이 일반적으로 반작용의 범주에 속하는 정서도 마찬가지로 '시대에 대한 개입'이라는 것을 뒤늦게 알았다고 할까.

그러한 관계 풀이가 음악 평론의 핵심이라는 점에서, 예술성 그리고 그것으로 획득하는 대중성과 더불어 시대성이 얼마나 중요한가를 다시금 일깨운다. 그것이 20세기 음악의 역사가 구축한 견고한 음악 정체성일 것이다. 사실 정치사회적 접근은 우리가 음악을 이해하는 데 매우 날렵한 효율 혹은 융통성을 제공한다. 여기서 문제는 시대성이 흔히 정치적 틀에만 갇혀 있다는 점이다. 1960년대의 이상주의, 1970년대의 기업화, 1980년대의 탐욕주의와 같은 표현은 결국 정치적 관념의 언어들이다.

상기한 두 사례, 이글스의 「호텔 캘리포니아」와 펑크 디스코 사운드인 펑카델릭의 「원 네이션 언더 어 그루브One Nation under a Groove」는 비슷한 시대에 유행한 것이지만 시대에 각기 다른 감정으로 반응하고 있다. 말할 것도 없이 인종적 토양과 천착한 스타일이 다르기 때문일 테지만 단선적인 정치적 또는 예술적 관점으로는 풀어내기가 시원하지 않다. 최종적인 상이함은 그 속에서 발전한 경제적 시각과 연관 지을 수 있다. 당대의 스태그플레이션을 바라보는, 이글스와 펑카델릭 간의, 어쩌면 흑백 간의 판이한 시점이다. 경제적 맥락에서 볼 때, 이글스는 경기 침체를 있는 그대로 회의적으로 바라보는 '작용'이라면 펑카델릭은 불경기를 정반대로 희희낙락 보내는 '반작용'으로 임했다고 할까.

시대성은 정치적인 것과 더불어 경제적 분위기가 등권等權의 몫을 가져간다는 생각이다. 살림이 좋으니 즐거운 파도타기(서핑) 음악이 나오고 직장을 못 구해 살기가 팍팍해지니 분노의 펑크 록이 등장하는 것은 확연한 예에 속한다. 두 음악의 경우는 솔직히 정치적인 것보다 경제적 관련성이 더 두드러진다. 그

만큼 면면히 흘러온 대중음악의 역사는 정치적 사회 외에 경제적 사회와도 접점을 갖는다는 것을 강조하고자 한다.

마치 떼어내듯 이 부분만을 도려내어 거기에 별도의 악센트와 임팩트를 부여하고 싶었다. 어설픈 수준의 대중음악 경제사史에의 도전이라고 할까. 이런 저런 색조의 정서와 시대적 흐름이 덩어리를 이루며 형성되어온 대중음악에서 경제만을 부각한다는 것은 온전하고 객관적인 해석과 점점 거리가 멀어진다는 점에서 위험할 수도 있다. 견강부회의 소지도 다분하다. 경제에 대해 문외한인 사람으로서 두렵지 않을 수가 없다. 그래서 경제학적 혹은 경제 분석적 접근은 애초부터 될 수가 없는 노릇이었고 단지 해당 시대의 경제적 상황과 현실만을 스케치해 음악을 견주는 수준에서 멈췄다.

이 책은 따라서 음악 자체에 관한 것이라기보다는 음악을 바라보는 눈에 대한 것이다. 음악에 대한 우리의 생각을 규정하는 많은 구조적 요인 가운데 경제라는 측면에 살짝 무게중심을 올려놓은 것이다. 그러면서 1930년대의 공황기에서 2000년대의 금융위기와 오큐파이 운동Occupy movement에 이르기까지 음악과 경제 현실 간의 직간접 연관성을 기술했다. 초점이 가끔 흐리고 조금은 편향적인 것 같아서 걱정이다.

제2차 세계대전 이후 음악의 정체성 논란이 극심해지면서 학문적 갈등을 일으키는 예술성과 사회성의 대립각은 여전하다. 하지만 음악학자 니콜러스 쿡의 말대로 음악은 리듬 멜로디 화성의 음악학만이 아니라 사회문화적 연구의 대상임을 믿는다. 창문 닫고 방에 처박혀 오선지의 미학을 쌓는 것만이 아니라 세상 한가운데에 놓인 것이 음악이라는 것을. 미력하나마 너무 숭고한 음악학의 영토에서 음악을 끌어내 음악으로 세상을 이해하는, 또 경제적 현실로 음악을 이해하려는 가상한 노력으로 이 책을 봐주었으면 한다.

무엇보다 출판사 아트북스에 감사드린다. 두 편집자 손희경 님과 권한라 님이 지속적으로 용기와 자신감을 북돋워주지 않았다면 이 책은 가능하지 못했을 것이다. 이해의 폭과 깊이가 부족한 탓에 짧은 분량으로 구성할 수밖에 없었다는 게 부끄럽지만 라디오에서 기획한 짧은 특집이 이렇게 근사한 결과물로 나타나니 감개무량이다. 독자들이 재미있게 읽어준다면 더 바랄 게 없다.

2014년 9월
임진모

Contents

Contents

chapter 1

"봄날이 다시 왔도다!"

Barbra Streisand
Judy Garland

대공황에서 벗어나리라는 희망
그리고 음주의 자유

• 1930~40, 미국 🇺🇸
• Keyword : 대공황, 뉴딜 정책, 스윙

대공황 기간에 빠듯한 살림살이와
만연한 실업으로 고생하던 미국인들은 루스벨트
Franklin Roosevelt, 재임 1933~45 후보의 노래 「봄날이 다시
왔도다Happy Days Are Here Again」에 모처럼 희망이 부풀었다. 이 노
래는 1932년 민주당 전당대회 때부터 대통령 선거 기간 내내
울려 퍼졌는데, 아마도 대중가요가 경제에 민감한 대중의 정서
를 직간접적으로 반영하는 창구라는 사실을 분명히 일러주는
미국 팝 음악 초기의 대표적 사례일 것이다.

이 곡은 제1차 세계대전 이후 생산력이 크게 하락하고 하루
가 다르게 실업자들이 쏟아져 나오는 등 전 세계를 강타한 대
공황의 가공하고도 지긋지긋한 경제적 · 정신적 고통에서 벗어
나 지푸라기라도 잡고 싶은 서민들의 심리를 정확히 담아냈다.
1929년 잭 옐런 작사, 밀턴 에이저 작곡의 이 곡은 이듬해 영화
「체이싱 레인보우Chasing Rainbow」에 삽입되었지만 정작 일반에게
알려진 것은 민주당 루스벨트 대통령이 자문단의 제안을 받아

JUDY GARLAND

들여 선거전에서 캠페인 송으로 채택하면서였다. 1932년 선거 기간에 이 곡의 대중적 흡수력은 대단했다. 사람들을 혹하게 하는 희망과 기대의 메시지 때문이었다.

아득한 저 옛날의 노래이지만, 이제 60대가 된 베이비붐 세대에게는 행진곡풍으로 힘차게 노래한 원곡이 아닌 1960년대 말에 바브라 스트라이샌드Barbra Streisand가 유려한 발라드풍으로 부른 버전이 익숙할 것이다.

안녕 슬픈 나날이여, 물러가라 고통스런 시절이여 /
우린 마침내 괴로운 시절을 끝낸 거야…… / 다시 봄날이 왔도다 /
하늘도 다시 쾌청하다네 / 그러니 다시 축제의 노래를 부르자고 /
다시 봄날이 왔도다 / 모두 함께 이제 소리 지르세 /
이제 이 기쁨을 의심할 사람은 / 아무도 없다네
So long sad times, go long bad times / We are rid of you at last… /
Happy days are here again / The skies above are clear again /
So let's sing a song of cheer again / Happy days are here again /
Altogether, shout it now, there's no one / Who can doubt it now

아티스트 ┃ 바브라 스트라이샌드Barbra Streisand
곡명 ┃ 「봄날이 다시 왔도다Happy Days Are Here Again」
앨범 ┃ 『바브라 스트라이샌드 앨범The Barbra Streisand Album』
발매 연도 ┃ 1962

미국인들은 왜 대공황의 어려운 시기에 '우린 마침내 괴로운 시절을 끝낸 거야'라며 환호성을 지른 것일까. 이유는 바로 '금주법 폐기' 때문이다. 미국인들이 이 곡을 들으면 즉시 연상하는 것도 금주법과의 작별이다. 대표적인 악법으로 통하던 1920년대의 금주법이 루스벨트 대통령이 취임하면서 수정 21조에 의해 마침내 사라져버린 것이다. 사람들은 다시 어깨를

펴고 떳떳하게 술을 마실 수 있게 된 것을 기뻐했다. 그래서 노래 제목처럼 행복한 시절happy days, 즉 봄날이 다시 왔다고, 경사 났다고 즐거운 비명을 지르며 합창했던 것이다.

금주법은 사회 정화 차원에서 1919년 주류 판매 및 제조 금지 법안이 의회에서 통과되면서 이듬해 신년벽두부터 시행되었다. 표면적인 이유는 사회 정화였지만 그 속을 들여다보면 제1차 세계대전의 전범인 독일에 대한 증오심이 있었다. 독일에서 이민 온 사람들이 손쉽게 뛰어들 수 있었던 양조업을 견제하고자 했던 것이다. 하지만 이 법은 수많은 갱스터 영화의 단골 소재로 등장한 마피아 알 카포네의 예가 말해주듯, 마피아의 밀주 권력이 생겨나고 무허가 술집들이 난립하는 등 목표하던 사회 정화와는 정반대의 부작용을 초래했다.

이 금주법이 공식적으로 폐기되었으니 얼마나 후련했겠는가. 하지만 봄날이 흥청망청 술을 마시는 것만을 뜻하는 것은 아니었다. 진정한 봄날은 걱정 없는 살림살이, 즉 경제가 나아지지 않으면 실감할 수 없다. 즉, 이 곡에는 루스벨트 정부가 대공황을 벗어나 실업문제를 해결하고 경기회복을 이루어냄으로써 미국인들이 입에 달고 사는 표현인 '더 나은 사회better society', 살기 좋은 사회가 되리라는 기대가 실려 있었다.

루스벨트 대통령 하면 '뉴딜New Deal 정책'이다. 또 뉴딜 정책 하면 대표적 사례로 테네시 강 유역 개발 사업을 떠올릴 것이다. 루스벨트는 댐을 축조해 잦은 홍수와 범람을 막고 또 전기 생산을 늘리는 등 다각도의 취지로 이 사업을 시작했지만 본래 정부가 의도한 것은 경제학자 케인스 이론의 핵심이라고 할 '유효수요'의 증대(실업은 다른 말로 총 유효수요의 부족이다)였다. 이를

테면 실업자와 빈민이 지천에 널린 대공황기에 그들에게 댐 건설 일자리를 제공해서 경기를 되살리자는 것이었다. 즉, 요즘 말로 '일자리 창출'을 노렸던 것이다.

뉴딜이 미국을 대공황의 수렁에서 건져냈다는 것이 우리의 상식이다. 하지만 실제는 그렇지 못했다. 금본위제에서 벗어나 금태환을 정지하고 달러를 평가절하하면서 해외에서 자본이 미국으로 유입되어 전반적으로 약간의 경기회복이 이루어졌지만 효과는 잠시였다. 많은 경제 전문가들은 오히려 뉴딜로 인해 금융, 농지, 산업 등의 분야에 걸쳐 개혁이라는 이름으로 많은 통제가 뒤따랐기에 결과적으로 대공황 기간의 빡빡한 분위기를 그다지 바꾸지 못했다고 분석한다.

뉴딜과 관련해 가장 높이 평가받는 실업자와 빈민에 대한 구호 정책도 정부의 재정 지출이 크게 늘면서 장기적인 측면에서 그리 효율적이지 못했다고 한다. 실업자 수를 보면 상황을 알 수 있다. 뉴딜의 구호 정책이 한창 꽃피던 1937년에 실업자는 1933년의 1,500만 명에서 700만 명으로 크게 줄었지만 1938년 다시 1,000만 명으로 늘었다. 주변에 1,000만 명의 실업자가 널려 있다면 심각한 사회문제가 아닐 수 없다. 실업을 근본적으로 해결한 게 아니라 나랏돈만 썼다는 일각의 비판을 받기도 한다. 경기회복도 뉴딜로 인해 오히려 더 속도가 늦춰졌다는 주장도 있다.

하지만 경제적 측면보다 더 중요한 것은 심리적 측면이다. 뉴딜은 바로 이 대목, 정부가 국민에게 곧 일자리를 마련해주리라는 희망, 그리하여 실업자 신세를 벗어나고 소득 또한 늘어나리라는 미래에 대한 기대감, 희망, 포부를 주었다는 점에서 의미를 갖는다.

미국의 대중음악은, 아니 모든 대중가요는 막연하든 구체적이든 이런 '희망'을 사랑한다. 아니, 솔직히 편애한다. 힘든 자들에게 위로와 위안을 제공하는 게 대중음악의 첫 번째 기능 아닌가. 1939년에 발표된 저 유명한 노래 「무지개 너머 어딘가에Over the Rainbow」가 정확히 이 지점에서 찬란한 빛을 발한다.

"무지개 너머 어딘가에서 우리의 꿈은 이루어지지요"
여전히 피폐한 미국의 경제와 경제 정책에 대한 희망

무지개 너머 어딘가 저 높다란 곳에서는 /
어릴 적 자장가에서 들었던 땅이 있어요 /
무지개 너머 어딘가에는 하늘은 파랗고 /
우리가 감히 꾸었던 꿈들이 정말로 이루어지지요 /
언젠가 나는 별에게 소원을 빌고 /
그리고 구름은 멀리 떨어져 있는 곳에서 깨어날 거예요 /
근심이 굴뚝 꼭대기에서 레몬 방울 떨어지듯 녹아버리는 그곳에서요 /
바로 그곳에서 날 찾게 될 거예요……
Somewhere over the rainbow way up high / There's a land that I heard of once
in a lullaby / Somewhere over the rainbow, skies are blue /
And the dreams that you dare to dream, really do come true /
Someday I'll wish upon a star / And wake up where the clouds are
far behind me / Where troubles melt like lemon drops away above the
chimney tops / That's where you'll find me…

아티스트 ǀ 주디 갈런드Judy Garland
곡명 ǀ 「무지개 너머 어딘가에Somewhere over the Rainbow」
출처 ǀ 영화 「오즈의 마법사The Wizard of the Oz」
발매 연도 ǀ 1939

이 곡은 절망의 늪에서 허우적거리고 형편이 나아지리라는 한 줌의 기대도 얻을 수 없는 상황에서 부르면 제격이다. 정말이지 이 노래는 우리에게 몸을 추슬러 다시 희망의 세계로 이끌어가도록 인도하는 마법과도 같은 힘이 있다. 1939년 발표 당시부터 지금까지 영화, 드라마, 라디오 등 각종 전파 매체에서 꾸준히 흘러나오는 「무지개 너머 어딘가에」는 대중음악의 본령이라고 할 긍정적 희망을 준다. 그에 힘입어 이 노래는 시대를 불문하고 '희망의 송가'로 자리 잡았다.

영화 「오즈의 마법사」에서 주인공 도로시(주디 갈런드 분)가 강아지 토토에게 불러주는 이 노래는 주디 갈런드뿐만 아니라 엘라 피츠제럴드, 사라 본, 카일리 미노그 등 대중가수라면 누구나 한 번쯤 통과의례 격으로 부른 필수 레퍼토리다. 심지어 장르 측면에서 거리가 있는 듯한 헤비메탈 그룹 임펠리테리 Impellitteri도 속주 연주로 이 곡을 소화했고 걸 그룹 소녀시대도 해외 공연에서 세트 리스트로 올려놓을 정도였다.

사실 「무지개 너머 어딘가에」는 영화 시사회 때 조금 길다는 평가가 나와 노래를 빼야 한다는 일부의 회의적 의견을 물리치고 영화사 MGM 회장이 그대로 가야 한다고 주장해 겨우 목숨을 건졌다는 일화가 있다. 영화는 개봉 이전의 그런 우여곡절에 아랑곳없이 그해 '아카데미 최우수 노래 부문'을 수상했고 미국영화연구소AFI가 2004년 발표한 'AFI 100년 100곡' 리스트에서 당당히 1위를 차지해 역사상 가장 위대한 영화음악이라는 독점적인 영예를 누려왔다.

이 노래는 미국레코드산업협회RIAA가 집계한 '세기의 노래' 부문에서도 넘버원 자리에 올랐고 전혀 음악적으로 무관한 듯

"솔직히 난 단 한 번도 주디 갈런드의 팬인 적이 없다.
하지만 그녀가 영화에서 노래할 때 '우리가 꾼 꿈은 이루어진다'라는 구절은 너무도 훌륭하다!"
빌리 브래그

보이는 록 음악 진영에서도 이 노래만큼은 특별 우대하곤 한다. 록 음악 잡지 『모조Mojo』가 1990년대를 정리하면서 작곡가들에게 설문을 해 집계한 '역사상 가장 위대한 노래 100곡'에서 「무지개 너머 어딘가에」는 비틀스의 「일생 동안In My Life」과 롤링 스톤스Rolling Stones의 「난 만족할 수 없어I Can't Get No Satisfaction」에 이어 당당히 3위에 올랐다. 대중음악의 역사에서 이처럼 아낌없는 환호를 받은 곡은 그리 많지 않다.

음악사에서만 레전드의 반열에 오른 것은 아니다. 제2차 세계대전 당시 유럽에 주둔한 미군들이 빙 크로스비의 「화이트 크리스마스」와 함께 이 노래를 마치 고국 그 자체로 여기며 공식적으로 불렀다는 것은 하나의 유행가를 넘어 '장외의 미국 국가'로 받들어졌다는 것을 증명한다. 노래에 예술성 외에 운 좋게도 시대성이 더해진 것이다. 대중음악에서는 '예술성과 시대성의 합슴'이 위대함을 낳는다. 하나만 가지고는 역사에 큰 작품으로 남지 못한다.

이 노래가 숭배된 원인은 간단하다. 당대 암울한 대공황의 상황에서 모두가 바라는 희망의 한 줄기 빛이라는 정서적 공감대, 그 낙관이 전 국민적 일체감을 만들었기 때문이다. 어려울수록 천국을 바라는 인지상정은 영화 속에서 지겨운 캔자스의 일상에서 탈출해 '먼치킨'이라는 휘황찬란한 테크니컬러의 신세계로 가고 싶은 도로시의 마음과 닮아 있다. 당시 미국 대중이 바라는 신세계, 그 천국은 다름 아닌 대공황 탈출과 경기회복이었다.

가사를 쓴 입 하버그E. Y. Harburg는 "노랫말에 루스벨트의 뉴딜 정책 아래 있는 미국에 대한 희망의 메시지를 표현했다"라고 고백했다. 사회·경제적 그리고 정치적 메시지가 저류한 노래라는 이야기다. 과연 루스벨트의 경제 정책이 도탄에 빠진 서민의 경제를 살릴 수 있겠느냐는 회의가 없지 않았지만, 또 긴 뉴딜 정책으로 개혁 피로감이 만만치 않았지만, 그래도 공정한 소득분배와 고용에 대한 기대감이 있었기에 미국 국민들은 그에 지향점을 둔 뉴딜 정책에 신뢰를 보낸 것이 아닐까.

당대는 (언제나 그러했듯) 국가 경제에 대한 정부의 적극적인 시장 개입을 주창하는 좌파 측과 자유시장경제를 고집하는 우파 보수 진영의 논리가 충돌하던 때였다. 대표적인 할리우드의 좌파 작가로 자본가 중심의 사고를 혐오했던 하버그는 전자의 친親서민 정책인 뉴딜 편에 서서 거기에 응원의 박수를 보내고자 하는 의도를 「무지개 너머 어딘가에」에 슬쩍 깔아놓은 것이다. 하지만 그는 미국적 삶에 대한 낙관을 대중음악 특유의 희망의 문맥으로 은유하는 명민함을 보였다. 자신의 이데올로기 성향을 감춘 채, 좌파든 우파든, 내 편 네 편을 넘어 누구나 고개를 끄덕이고 공감하게 하는 보편적 메시지를 내건 것이다. 실제로 많은 서구인들은 '네가 꾼 꿈들, 그 꿈들은 정말 이루어진다'라는 문장 한 줄로도 충분히 '업' 된다고 한다. 하긴 업 되는데 좌우가 어디 있겠는가.

어려운 시기에는 밝은 노래로
「싱 싱 싱」과 「무지개 너머 어딘가에」의 긍정성

이념적 성향을 뒤로하고 대중의 '업'을 지향하는 대중음악

특유의 접근법은 대공황 이후 제2차 세계대전 동안에 절로 춤을 추게끔 만드는 스윙swing 재즈의 폭발적인 인기로도 알 수 있다. 총성과 폭격이 난무하는 전시에, 정신줄을 바짝 죄어야 하는 상황에서 미국인과 유럽인 들은 베니 굿맨Benny Goodman과 글렌 밀러Glenn Miller의 스윙 음악에 발을 굴렀다. 이곳저곳에서 폭격과 살육이 벌어지는 전쟁 기간에 빅 밴드의 연주에 맞춰 춤 난리를 피웠다는 것은 얼핏 납득하기 어렵다.

하지만 전통적으로 대중음악은 이런 상황에서 우울하거나 절망의 분위기를 담은 무거운 음악 대신에 원기회복을 지향하는 흥의 음악, 시름을 날려버리는 신나는 음악을 택한다. 그것이 베니 굿맨의 스윙 재즈 「싱 싱 싱Sing Sing Sing」이었다. 스윙이 점화된 시기도 뉴딜 정책이 대공황과 씨름하던 1935~38년 무렵이었다. 대중음악은 보수나 혁신 중에 하나를 고르는 게 아니라 중간의 평화 지대인 '업'을 사랑하는 것이다.

크게 보면 스윙이나 「무지개 너머 어딘가에」나 다를 게 없다. 하지만 그렇다 쳐도 「무지개 너머 어딘가에」가 막연한 긍정론에 바탕을 둔 허무맹랑한 희망, 널리고 널린 희망 고문을 담아낸 것이 아니라는 사실은 중요하다. 무엇보다 남녀의 통속적 사랑과 이별의 테두리를 박차고 시대, 그것도 대공황기를 살면서 사회·경제적 관점에서 시대를 그려냈다는 점은 발군이다. 그야말로 역사적인 노래가 아닐 수 없다. 늘 의미를 따지는 하버그의 사회의식이 만들어낸 곡이라는 점에서 평가받을 만하다.

하버그는 1930년 대공황 초창기 무렵, 최초의 저항노래로 손꼽히는 「이봐요, 한 푼 빌려줄 수 있수?Brother, Can You Spare a Dime?」를 작사하기도 했다. 열심히 국가를 위해 노동한 사람들이 대공황으로 인해 다 일터에서 쫓겨나는, 이 말도 안 되는 현실에 대한 민중의 하소연을 담은 노랫말에 덕분에, 이 노래는 그 시대의 깨진 꿈에 대한 송가로 통한다. 나중에 그는 결국 1950년대 매카시즘의 광풍 아래 극우세력에 의해 할리우드에서 추방당하는 변을 당하기도 했다. 그의 삶은 결코 무지갯빛이 아니었다.

1990년대에 활약한 영국의 뮤지션 빌리 브래그의 찬사가 모든 것을 말해준다. "「무지개 너머 어딘가에」는 정말로 위대한 노래다. 난 그 노래 속의 낙관주의가 좋다. 하지만 내 생각에 「이봐요, 한 푼 빌려줄 수 있수?」는 대공황 시기에 거의 미국의 국가가 아니었나 싶다. 그것을 쓴 것만으로도 입 하버그는 충분히 위대하다. 그런데 그는 「무지개 너머 어딘가에」도 쓰지 않았나. 솔직히 난 단 한 번도 주디 갈런드의 팬인 적이 없다. 하지만 그녀가 영화에서 노래할 때 '우리가 꾼 꿈은 이루어진다'라는 구절은 너무도 훌륭하다!"

chapter 2

"그대의 장난감 곰 인형이 될게요!"

Elvis Presley
Carl Perkins

용돈 문화의 산물과
로큰롤의 탄생

1950년대 중반에 태동한 로큰롤 음악은 차후 미국이 대중문화 예술로 20세기 100년을 석권할 수 있는 확실한 문화상품으로 자리 잡았다. 여기에 애초에는 로큰롤을 못마땅하게 여겼지만 곧바로 판에 뛰어든 영국의 밴드들이 가세하면서 문화적 팍스아메리카나가 이뤄졌고 이때부터 그 이름은 로큰롤에서 '록'으로 바뀌었다. 미국과 영국의 록은 1960년대 이후 대중음악의 완전한 중추로 성장했다. 20세기의 대중음악은 누가 뭐라고 해도 록, 즉 로큰롤이다.

로큰롤은 흑인 블루스, 정확하게 말하면 리듬 앤 블루스Rhythm & Blues에 기원을 두고 발전한 음악으로서, 로큰롤 하면 가장 먼저 떠오르는 인물은 미국의 엘비스 프레슬리Elvis Presley다. 영국의 비틀스에게도 '워너비'의 꿈을 안겨준 그는 누구나 인정하는 '로큰롤의 제왕'이다. 엘비스 프레슬리는 백인이면서도 흑인들의 창법으로 노래했다는 점에서 돋보였다. 미국 남부

ELVIS PRESLEY

사람들은 엘비스 프레슬리의 공연을 보면서 "왜 저 친구는 멀쩡한 백인인데 검둥이 노래를 하는 거야?"라고 비난하기도 했다. 또 비슷한 시기에 활약하면서 로큰롤의 초기 공신 중 한 사람으로 언급되는 흑인 뮤지션 행크 발라드Hank Ballard가 "흑인보다도 더 능란하게 춤을 추었다!"라고 찬사를 보냈을 만큼 엘비스는 빼어난 몸놀림을 선보였다. 때문에 척 베리, 리틀 리처드, 칼 퍼킨스Carl Perkins, 버디 할리, 리키 넬슨 등등의 쟁쟁한 경쟁자들을 물리치고 로큰롤의 권좌에 오를 수 있었다.

엘비스 프레슬리 센세이션에서 읽을 수 있는 것은 그가 백인으로서 백인 음악인 컨트리(또는 컨트리 앤 웨스턴)와 스탠더드 팝만 추구했다면 아마도 전국적 스타덤에 오르지 못했을 것이라는 점이다. 그의 노래에는 흑인 음악이 뒤섞여 있었다. 이 점은 흑인 인권 상승과 맞물린 흑인 음악의 부상을 빼놓고 얘기하기가 어렵다. 엘비스 프레슬리를 발굴한 선Sun 레코드의 사장 샘 필립스는 로큰롤 트렌드를 포착해 "백인이지만 흑인 창법으로 노래하는 인물"을 학수고대했다.

로큰롤은 분명 흑인 문화의 융기라는 사회적 분위기의 변화와 맞물려 있다. 검둥이 음악이라며 레이스race 음악(흑인음악을 애초 인종비하적으로 이렇게 표현했다)으로 무시당하던 때는 끝났다. 레이스 음악이 아니라 어느덧 '리듬 앤 블루스'라는 격이 있는 이름으로 유통되기 시작하지 않았는가. 피교육권 쟁취를 비롯한 흑인 인권을 둘러싼 일련의 법정 투쟁에서 흑인 측이 승소하는 등, 당대의 정치·사회적인 변화는 이런 흐름에 중요한 영향을 끼쳤다. 수백 년 동안 흑인 노예제를 지탱해온 '분리 평등'의 논리가 적어도 법적으로는 폐기되는 시점을 맞은 것이다.

이런 시대적 변화가 없었다면 흑인 문화가 바탕이 된 로큰롤의 폭발은 설명할 수 없다.

하지만 그 못지않게 주목해야 할 것은 전시와 전후에 태어난 이른바 베이비붐 세대의 등장이다. 1946년에 이미 약 560만 명의 틴에이저들이 미국의 고등학교에 입학했다. 그로부터 10년 남짓 지난 1956년, 그러니까 로큰롤의 기세가 하늘을 찌르던 해에 그 숫자는 680만 명으로 늘어났다. 감각적일 수밖에 없는 그 세대 아이들과 로큰롤의 거칠고도 자극적인 음악은 궁합이 제대로 맞았다. 이 청소년 세대는 생래적으로 부모 세대와는 다른 새로운 소비문화를 가지고 있었다. 스윙 댄스는 아버지, 어머니의 것이었고 그들에게는 왠지 낡은 사운드로 들렸다. 뉴 제너레이션은 구원자라도 만난 듯 새로운 음악인 로큰롤로 대거 몰려갔다. 전문가들은 그렇기에 로큰롤 현상을 베이비부머라는 새로운 연령 집단의 등장과 결부 짓는다.

무엇보다 로큰롤의 상승세를 거든 것은 바로 경제였다. 대공황과 제2차 세계대전을 거치면서 미국의 경제는 활짝 꽃피었다. 이미 전시에 미국의 경제지표는 대공황기의 축축한 상황에서 탈출하기 시작했다. 1940년에서 1954년 사이에 미국의 국민총생산GNP은 2,000억 달러에서 3,600억 달러로 증가했다. 같은 기간 가계 연간소득 또한 5,000달러에서 6,200달러로 상승했다. 1953년 한국전쟁이 끝나면서 경제 그래프의 상승 폭은 더욱 커졌다.

경제 침체기의 한숨이 미소로 바뀌면서 미국인들은 삶의 여유 속에 더 많은 여가를 누리게 됐고 호주머니 사정이 나아지면서 그 여윳돈을 신종 상품인 텔레비전과 카메라를 위시한 전자제품 그리고 소설책 구입, 영화 관람 등에 쓰기 시작했다. 전시에는 꿈도 못 꾼 문화 생활이 가능해진 것이다. 경제성장의 혜택은 어떤 세대보다도 자식 세대, 바로 베이비부머들이 가장 많이 누렸다.

어른들 입장에서는 이전에는 하지 못했던 부모의 도리, 즉 아이들에게 용돈 주기가 수월해졌다. 1950년대 초반에 아이들의 용돈은 60억 달러 규모를 넘어섰고 1957년에는 90억 달러에 달했으며 1963년에는 105억 달러로 수직 상승을 거듭했다. 백인 중산층 가정의 10대 청소년이라면 누구나 부모에게 두둑한 용돈을 받았다. 10대들이 그 돈을 어디에 썼겠는가. 말할 것도 없이 오락과 문화 분야였다. 경제 번영으로 소비 풍조가 확립되면서 청소년들은 자신들의 기호를 자극하는 화장품, 완구, 패션, 잡지를 사들일 수 있는 여유가 생겼다. 막 창간한 틴에이저 대상의 잡지 『세븐틴』은 불티나게 팔려나갔고 '테디 베어'라는 이름의 곰 인형을 위시해 구두, 스타킹, 가방 등의 판매도 폭발적으로 늘어났다.

10대들은 춤을 곁들인 댄스 음악에 흥분했다. 때마침 당시 기준에서 격렬한 리듬을 담은 로큰롤이 있었다. 그들은 라디오에서 디스크자키가 선곡하는 노래를 듣는 수준에서 벗어나 자신이 좋아하는 가수들의 레코드를 구매했다. 『세븐틴』은 1960년 4,500명의 청소년을 대상으로 소비 패턴에 대한 설문을 했는데 "10대들은 일주일에 평균 9.53달러의 용돈을 받고 아침 7시 43분에 일어나며 하루 두 시간 라디오를 듣는다"라는 결과가 나왔다. 또한 틴에이지 걸의 경우 대략 70퍼센트가 좋아하는 가수의 음반을 산다는 통계가 나왔다. 풍요로운 사회가 로큰롤 음악이 대량 소비되는 데 길을 깔아준 셈이다.

　　시장에 민감한 음악 제작자들이 이러한 소비 패턴을 놓칠 리 없다. 엘비스 프레슬리 선풍이 절정에 달한 1957년에 발표된 곡 「그대의 테디 베어가 될게요(Let Me Be Your) Teddy bear」가 이를 생생히 증명한다. 음반 제작자들은 10대를 의도적으로 겨냥했으며 그들의 전폭적 지원 아래 로큰롤과 그 대표 주자인 엘비스 프레슬리가 떴다는 사실을 즉각 알 수 있다.

여기요, 제가 그대의 사랑스런 테디 베어가 될게요 /
내 목에 줄을 달고서 / 아무 데나 끌고 다니세요 /
그대의 테디 베어가 되게 해주세요 / 난 호랑이가 되기 싫어요 /
호랑이는 너무 거칠잖아요 / 사자도 싫어요 /
사자는 그대가 사랑하는 그런 종류가 아니잖아요 /
그냥 난 그대의 테디 베어가 될 게요……
Baby let me be your lovin' teddy bear / Put a chain around my neck /
And lead me anywhere / Oh, let me be / Your teddy bear /
I don't wanna be a tiger / 'Cause tigers play too rough /
I don't wanna be a lion / 'Cause lions ain't the kind you love enough /
Just wanna be, your teddy bear…

아티스트 | 엘비스 프레슬리Elvis Presley
곡명 | 「그대의 테디 베어가 될게요(Let Me Be Your) Teddy Bear」
앨범 | 「러빙 유Loving You」
발매 연도 | 1957

　　이 노래는 빌보드 차트에서 7주간 1위에 올랐고 단숨에 싱글 앨범이 200만 장이나 팔려나가는 공전의 히트를 기록했다. 엘비스 프레슬리 초기 로큰롤 레퍼토리에서 「하트 브레이크 호텔 Heartbreak Hotel」 「하운드 독Hound Dog」 「올 슉 업All Shook Up」 「감옥

"엘비스는 모든 것을 가졌다. 외모가 있었고 댄스, 매니저 그리고 재능이 있었다.
그리고 그는 나머지 우리처럼 단조로워 보이지 않았다.
구레나룻에다가 휘황찬란한 무대의상을 자랑했고 또한 손가락에는 반지가 없었다."
칼 퍼킨스

의 록「Jailhouse Rock」 등과 함께 빼놓을 수 없는 골든 레퍼토리로 역사를 장식하는 기념비적인 곡이다. 노골적으로 10대의 귓가에 유혹적인 속삭임을 날리는 앙증맞은 내용의 노랫말만 봐도 확연히 틴에이저가 소구 대상이라는 것을 알 수 있다.

테디 베어를 가까이 하고 이 인형을 침대에서 품는 베이비부머 틴에이저들이 이 노래를 라디오에서 듣고 엘비스 프레슬리의 싱글 앨범을 사지 않고는 못 배겼을 것이다. 로큰롤 이래로 전 세계 음악계에는 다음과 같은 속설이 뿌리내렸다. "음악 시장은 결국 10대의 용돈으로 지탱하는 시장이다!" 음악 시장이 이후 경기가 후퇴한 시점에서도 나름의 덩치를 유지한 것은 경제 상황이 아무리 나빠도 '용돈에는 불황이 없다'라는 사실 때문이다. 로큰롤은 10대들의 용돈 문화 덕분에 위력을 발휘했고 또 10대를 음악 시장의 주인으로 만들었다.

초기 로큰롤 스타일의 전형으로 찬사를 받는 칼 퍼킨스의 대표곡 「블루 스웨이드 구두Blue Suede Shoes」 역시 조금도 다르지 않다. 스웨이드 구두는 이전에는 신어볼 수 없던 당대 패션에 민감한 10대들 사이에서 선풍적인 인기를 누리던 세무 구두였다. 가파른 경제성장 덕에 용돈과 생활비가 늘어나지 않았더라면 구입할 수 없는 고가의 상품이다. 「블루 스웨이드 구두」의 가사는 그 구두에 대한 찬양, 다시 말하면 스웨이드 구두를 가까이 하는 10대들의 감각을 치켜세우고 구두 중독에 편승하는 내용이다.

저를 때릴 수도 있어요, 내 얼굴에 발을 올려놓아도 괜찮아요 /
내 이름을 사방에 욕해도 괜찮아요 /

하고 싶은 것은 뭐든 해도 되지만 /
제발 내 구두는 건들지 말아줘요 / 내 신발은 밟지 말아주세요……
Well, you can knock me down, Step in my face / Slander my name
all over the place / Do anything that you want to do / But uh-uh, baby,
lay off of my shoes / Don't you step on my blue suede shoes…

아티스트 ┃ 칼 퍼킨스Carl Perkins
곡명 ┃「블루 스웨이드 구두Blue Suede Shoes」
앨범 ┃「블루 스웨이드 구두」
발매 연도 ┃ 1956

엘비스 프레슬리의 노래 외에 당대의 로큰롤 가운데 1956년 진 빈센트Gene Vincent의「비밥바룰라Be-bop-a-lula」와 더불어 한국에서도 상당한 인기를 모은 칼 퍼킨스의 이 곡은 같은 해에 나와 전미 차트 2위에 오르며 좋은 성적을 거두었다. 일렉트릭 기타 연주가 인상적이어서 많은 기타리스트들에게도 영향을 미친 곡이다. 하지만 역사는 칼 퍼킨스의 이름을 기억하더라도 미국 대중에게 칼 퍼킨스는 거의 잊힌 존재로 전락해버렸다.

게다가 엘비스 프레슬리가 잠시 뒤 이 노래를 취입하면서 곡의 주도권은 제왕인 엘비스에게로 거의 넘어가고 말았다. 엘비스가 부른 버전의 차트 순위는 20위에 그쳤지만 음반은 잘 팔려나가 골드 레코드(50만 장 판매)를 기록했다. 오리지널인 칼 퍼킨스 버전은 더 순위가 높았지만 골드 판매량을 기록하지 못했다. 이런 탓에 미국의 기성세대들 가운데는「블루 스웨이드 구두」를 칼 퍼킨스가 아닌 엘비스의 곡으로 알고 있는 사람이 많다고 한다.

칼 퍼킨스는 엘비스에 대해 이렇게 토로한 적이 있다. "그는 모든 것을 가졌다. 외모가 있었고 댄스, 매니저 그리고 재능이 있었다. 그리고 그는 나머지 우리처럼 단조로워 보이지 않았다. 구레나룻에다가 휘황찬란한 무대의상을 자랑했고 또한 손가락에는 반지가 없었다. 나는 그때 벌써 애가 셋이나 됐다!" 손가락에 반지가 없었다는 것은 미혼 총각으로 여성 팬들에게 유리했다는 것인데 여기서 그가 언급한 외모, 댄스, 구레나룻, 무대의상은 이전 1930~40년대의 라디오 시대에서는 포착되지 않는 것들이었다. 라디오로는 음악과 음성만을 접하기 때문이다. 칼의 말은 엘비스 프레슬리가 들리는 것을 넘어 '보이는' 스타였다는 것을 가리킨다. 시대는 바야흐로 영상매체인 텔레비전, 그것도 어떤 가정이든 소유하고 싶어 했던 총천연색 컬러 TV 시대를 맞았다.

엘비스 현상은 이 뉴미디어 TV 시대와도 깊은 관련을 맺는다. 텔레비전 덕분에 사람들은 가수의 실제 얼굴을 확인할 수 있게 되었다. 라디오 시대에는 직접 공연장에 가지 않는 한 불가능한 일이었다. 대중문화사에서 '비주얼 시대의 개척자'라고 할 수 있을 만큼 영화배우 뺨치게 잘생긴 엘비스 프레슬리의 얼굴, 10대와 여자들을 안달 나게 한 환상적인 하체의 놀림은 TV로 보지 않으면 알 수 없다. 얼마나 민망하게 하체와 엉덩이를 흔들었으면 골반이라는 의미의 펠비스Pelvis라고 조롱했겠는가. 구레나룻, 번쩍이는 의상 또한 마찬가지다. 만약 라디오가 지배하는 시대가 계속되었다면 엘비스의 선풍은 미약했거나 아니면 상당 기간 연기되었을지 모른다.

경제 번영의 지표, TV 수상기의 보급
엘비스 스타덤은 TV 마케팅의 산물

1920년대에 개발된 텔레비전은 제2차 세계대전이 끝나서야 대중에게 보급되기 시작했다. 그것은 청각 매체인 라디오를 넘어서 신기하게도 영화처럼 움직이는 영상을 볼 수 있다는 점에서 호기심과 구매 충동을 불러일으켰다. 하지만 1940년대 말 당시 일반 가정이 사들이기에 TV는 상대적으로 고가였다. 초기에는 당연히 경제 사정이 좋은 가정만이 사들일 수 있었다. 하지만 전후 경기가 활황을 타면서 국민소득이 증가하자 사람들은 주택과 자동차 및 갖가지 소비재를 구입했다. TV 수상기도 그중 하나로 소비자들은 너도나도 텔레비전을 가정에 비치하기 시작했다.

1953년에는 미국 전역에 걸쳐 TV 세트 2,700만 대가 보급되었고 그로부터 3년도 채 안 지난 1956년에 그 숫자는 3,700만 대로 늘어났다. 과거에 라디오로 방송했던 프로그램도 잇따라 TV 프로그램으로 새롭게 만들어졌다. 당대 대부분의 시청자들이 "라디오 음악 프로에서 '아마 현장은 이랬을 거야'라고 상상만 하다가 텔레비전으로 보니까 너무 신기하다. 사진으로만 보고 목소리만 들었던 가수들의 얼굴도 보고 움직이는 것을 보니 전혀 느낌이 다르다!"라고 즐거워했다(한국도 1960년대 중반 텔레비전이 보급되면서 남인수, 이난영, 현인, 고복수 등 라디오 스타들이 TV에 나오자 모두들 "저 가수가 저렇게 생겼구나!" 하고 요술에 홀린 듯 신기해했다고 한다).

그 시절 텔레비전은 전국 네트워크를 지닌 세 개 방송사가 판을 지배했다. ABC, CBS 그리고 NBC(엘비스가 소속된 음반사 RCA를 소유한 곳이었다)였다. 지역 TV 방송국도 폭발적으로 생겨났다. 1953년 328개 방송국이 1956년에는 620개로 거의 두 배로 늘어났다. 또 연예 프로그램들은 시사 프로그램이나 드라마보다 시청률에서 단연 앞섰다. 코미디언 밀턴 벌Milton Berle이 진행하는 쇼 프로그램은 1948년에 이미 대중의 반응이 폭발적이었다. 잘생긴 엘비스 프레슬리가 이런 쇼 프로그램을 점령하는 것은 시간 문제였다.

남부 테네시 주 멤피스에서 선풍을 일으킨 엘비스 프레슬리는 애초 그 지역의 선 레이블(요즘으로 치면 인디 음반사) 소속이었지만 사장 샘 필립스가 3만5,000달러를 받고 RCA로 엘비스의 레코드 판권을 모두 넘기면서 메이저 레이블 소속 가수로 신분상승했다. 라디오 채널을 보유한 RCA 음반사는 말할 것도 없이 막강한 잠재력의 엘비스 프레슬리 TV 출연 작전, 이른바 TV 마케팅에 박차를 가했다.

엘비스는 높은 시청률로 대중적 영향력이 큰 「토미 앤 지미 도시 스테이지 쇼」 「밀턴 벌 쇼」 「스티브 앨런 쇼」 그리고 최고 인기를 자랑한 「에드 설리번 쇼」(이 방송들은 모두 진행자의 이름을 땄는데, 당대 연예 버라이어티 프로그램 진행자는 악단 단장이나 코미디언 들이 주를 이뤘다)에 잇따라 모습을 드러냈다. 선풍은 불 보듯 뻔했고 언론은 엘비스 마니아, 뉴 센세이션과 같은 수식어들을 붙이기에 바빴다. 이 가운데 「에드 설리번 쇼」의 일화는 전설로 남아 있다.

애초 엘비스 프레슬리를 두고 "가족 시청자들에 맞지 않는다!"라고 비판했던 에드 설리번은 대세에 밀려 무려 5만 달러라는 거액의 출연료를 주고 엘비스와 세 번의 출연 계약을 체결했다. 하지만 그 요란한 엘비스의 하체 율동에 대한 시청자들의 항의가 예상되자 설리번은 이를 두려워한 나머지 "카메라를 허리 위로만 비추라!"라고 스태프들에게 지시를 내렸다(이 해프닝을 일각에서는 방송 역사상 최초의 검열로 규정하기도 한다).

엉덩이를 격렬하게 흔드는 것이 엘비스 선풍의 핵심임을 감안하면 시청률 측면에서는 도박이 아닐 수 없었다. 하지만 놀라운 결과가 나타났다. 청소년을 비롯한 젊은 시청자들은 텔레비전에 나온 엘비스의 모습을 보고 일제히 허리 아래의 충격적인 율동을 머릿속으로 상상하며 전율했다는 것이다. 1956년 9월 9일 이날 「에드 설리번 쇼」는 대략 5,400만 명의 시청자가 지켜봤고 이 숫자는 전미 TV 시청자의 무려 83퍼센트에 해당하는 것이었다.

엘비스는 순식간에 미국인 모두가 아는 이름으로 떠올랐고, 전국 텔레비전 데뷔(「토미 앤 지미 도시 스테이지 쇼」)와 거의 동시에 발표한 곡 「하트브레이크 호텔」이 수록된 싱글 앨범은 눈덩이가 불듯 판매가 폭증했다. 엘비스 프레슬리는 실로 TV라는 이름의 '뉴미디어의 총아'로 위상이 상승했다. 팬들이 괴성을 지르고 심지어 기절하는 이른바 팝 히스테리 현상은 보는 매체인 텔레비전이 아니었다면 불가능한 것이었다. 그는 라디오 스타인 냇 킹 콜이나 빙 크로스비, 프랭크 시내트라와 뚜렷이 구분되었다. 이중에는 프랭크 시내트라처럼 1930~40년대 라디오 시대에 부상했지만 나중에 TV 프로그램에 출연하면서 진정한 대중 연예인으로 거듭난 이들도 있다.

TV 수상기가 집집마다 엄청나게 늘어난 덕분에 엘비스 프레슬리 현상이 가능했다는 것은 한편으로 비싼 텔레비전 수상기를 구매할 수 있는 경제적 환경, 즉 가장 좋았던 시절로 일컬어지는 1950년대 미국의 경제성장이 바탕을 이루었음을 말한다.

수직 상승한 미국의 경제지표는 엘비스의 신분 상승이 상징한다. 엘비스 프레슬리의 매니저인 톰 파커 대령은 파트너십 10년째인 1965년에 "엘비스는 그간 1억 장의 음반 판매로 150만 달러를 벌었고 열일곱 편의 영화에 출연해 135만 달러의 수입을 기록했다"라고 발표했다. 미시시피 주 투펠로의 가난한 노동계급 출신의 소년이 미국을 대표하는 부자의 반열에 오른 것이다. 미국의 경제도 마치 엘비스의 인기처럼 상승세의 신바람을 타고 있었다. 엘비스 프레슬리와 미국의 1950~60년대 경제는 그렇게 손을 맞잡고 동행했다.

스타를 갈망하는 10대 소녀들이 넘쳐나다
호황이 예고한 걸 그룹 시대

1950년대 미국 경제가 얼마나 활황이었는가는 수직 상승세를 보인 주요 지표가 여실히 말해준다. 로큰롤의 시대라고 할 이 시기 10년간 미국의 GNP는 2,130만 달러에서 5,030만 달러로 거의 두 배 반이나 껑충 뛰었다. 국민 평균소득도 1950년 1,526달러에서 10년이 지난 1960년에는 2,788달러로 상승해 무려 82퍼센트나 증가했다. 이보다 더 중요한 지표라고 할 이 기간 실업률은 4퍼센트에서 5.5퍼센트 사이를 유지하면서 과거 대공황과 전시 때와는 비교할 수 없을 만큼 안정세를 보였다.

엘비스 프레슬리의 로큰롤은 이러한 경제 훈풍을 타고 완연한 산업으로서 위용을 갖추어가기 시작했다. 갑자기 음악계에 도는 돈이 많아졌다. 틴에이저들이 주요 수요층으로 등장하면서 해마다 기록을 갱신할 만큼 레코드 판매가 일대 상한가를 쳤기 때문이다. 레코드 매출은 1950년 1억 8,900만 달러에서 1959년에는 자그마치 세 배가 넘는 6억 달러로 급증했다. 음반은 구멍가게에서도 잘 팔렸고 슈퍼마켓에서도 빼놓을 수 없는 상품으로 사랑받았으며 우편 구매 주문도 호조였다. 레코드 산업의 분발은 할리우드 영화계와 더불어 미국이 유럽 그리고 공산권과의 보이지 않는 문화전쟁에서 앞서갈 수 있는 발판을 만들었다.

경제가 살아나면서 소비가 늘어나는 부귀영화의 기운은 말할 것도 없이 국민 정서에 막대한 영향을 미친다. 가장 중요한 심리적 효과는 아마도 꿈은 이루어진다는 것, 그 가능성에 대한 환상과 신념일 것이다. 과거에 그토록 부르짖던 '봄날은 왔고Happy Days Are Here', 이어서 '무지개 너머 어딘가에Over the Rainbow'에서 그대가 꾼 어떤 꿈도 이루어질 수 있음을 현실적으로 믿는 단계에 이르렀다.

엘비스 프레슬리, 척 베리, 리틀 리처드, 버디 할리 그리고 에벌리 브라더스의 로큰롤을 열광하며 들은 소녀들이 얻은 것은 바로 그 꿈이란 것이었고 그들의 꿈은 아이돌 스타를 수동적으로 흠모하는 수준에서 멈추지 않았다. 그들은 적극적이었다. 흔히 대중문화의 역사는 이 시기를 최초로 여성들의 능동성이 발현된 때로 기록한다.

그러고 보면 엘비스 프레슬리의 데뷔 이후 1950년대에는 틴에이지 걸들의 감성을 노골적으로 겨냥한, 요즘 말로 꽃미남 아이돌 가수들이 넘쳐났다. 그중에는 심지어 또래인 10대도 많았다. 프랭크 라이먼Frankie Lymon은 열네 살인 1956년에 「왜 바보들은 사랑에 빠지나요?Why Do Fools Fall in Love?」라는 지극히 수줍은 감성의 노래로 빅히트를 기록했다. 그가 이끈 그룹 이름은 '틴에이저스'였다. 그 말고도 보비 다린, 보비 비, 보비 라이델, 프랭키 아발론, 파비안 그리고 「자, 트위스트를 다시 춥시다Let's Twist Again」로 '트위스트 킹'이 된 처비 체커 등등 무수한 남자 아이돌 스타들이 10대 소녀들 가슴에 불을 질렀다.

그 로큰롤 세대 소녀들은 자신들의 우상에 대한 단순한 애정과 흠모를 넘어 잠시 후 '꿈은 이루어진다'를 믿고 자신들도 그들처럼 톱스타가 되겠다는 갈망을 마침내 실행에 옮기고야만다. 지금은 전설로 기억되는 당대 최고 인기 TV 프로그램이었던 「아메리칸 밴드스탠드American Bandstand」의 진행자 딕 클라크의Dick Clark의 말처럼 '미국에서 가장 엔터테인먼트에 굶주린 세대'가 엔터테인먼트의 현장을 침공해 들어왔다.

음반사와 녹음실 주변에는 가수가 되려는 소녀들로 넘쳐났고 그들 중 상당수가 용감하게 문을 두드렸다. 아이돌 스타들이 모두 남성이었다는 점에서 여성 엔터테이너라는 조건은 상업적 가능성이 충분했고 돈 커시너Don Kirshner와 같은 기획자는 이 새로운 흐름을 주시했다. 다름 아닌 걸 그룹이었다.

chapter 3

"내가 그대를
행복하게 해줄게요"

Ronettes

아메리칸 드림과
로네츠의 인스턴트 스타덤 스토리

● 1960년대, 미국 🇺🇸
● Keyword : 걸 그룹

애초 그들은 되는 게 없었다. 음반을 취입했지만 다 빌보드 100위권 싱글 차트에 진입하는 데 실패했다. 베로니카(로니) 베넷, 친언니 에스텔 베넷 그들의 사촌 네드라 탈리는 어릴 적부터 가수가 되겠다는 꿈에 불탔지만 어쩌다 무대 데뷔도 가수가 아닌 댄서로 했다. 1961년 그들은 뉴욕에 있는 '페퍼민트 라운지'라는 클럽에 들어가려고 했지만 로니와 네드라가 미성년이어서 출입할 수 없었다. 그러자 그들의 엄마들은 최소한 스물셋 이상은 보일 수 있도록 짙은 화장과 헤어스타일로 딸들을 꾸며주었다.

이렇게 해서 클럽에 도착하자 현관의 매니저가 이들을 고정 출연 밴드인 (당시 나름 유명했던) 조이 디 앤 더 스타라이터스 Joey Dee and the Starlighters의 백댄서들로 오인하는 바람에 가까스로 업소에 들어갈 수 있었다. 세 여자아이들은 슬그머니 밴드 뒤를 따라 들어와 무대에 오르는 행운도 잡았고 급기야 춤만 추는 것이 아니라 노래도 부를 수 있게 됐다. 그들은 이후 하룻

RONETTES

밤 출연료로 한 명당 10달러를 받으며 이 클럽의 고정 출연자가 됐다. 팀 이름도 '로니와 친척들Ronnie and the Relatives'에서 로네츠Ronettes로 바꾸었지만 콜픽스 레코드사에 소속된 1963년까지 그들은 무명 신세를 전혀 벗어나지 못했다. 도저히 안 되겠다 싶어 그해 어느 봄날 언니 에스텔이 용기를 내어 스타 제조기로 불린 프로듀서 필 스펙터Phil Spector에게 전화를 걸었고 "꼭 오디션을 보게 해달라"라고 간청했다.

필 스펙터의 허락을 얻고 나서 잠시 후 세 여자아이는 마침내 뉴욕 시 소재의 미라 사운드 스튜디오에서 오디션에 임했다. 그들은 떨리는 눈으로 필 스펙터가 걸어 들어오는 것을 바라봤다. 그는 저쪽의 피아노에 앉았고 로니, 에스텔, 네드라는 그들의 우상인 프랭크 라이먼 앤 더 틴에이저스의 「왜 바보들은 사랑에 빠지나요?」를 불렀다. 노래 도중 갑자기 필 스펙터가 자리를 박차고 일어나더니 큰 소리로 외쳤다. "저거야, 저거야! 저게 바로 내가 찾던 목소리야!"

로네츠는 얼마 뒤 필 스펙터가 쓴 곡 「내 애인이 돼주세요Be My Baby」로 대박을 쳤다. 명랑한 로큰롤의 전형인 이 곡은 지금도 로큰롤 시대의 명곡 중 하나로 손꼽힌다. 비치 보이스Beach Boys의 멤버, 천재 브라이언 윌슨이 이 노래에 감동받은 나머지 로네츠에게 바치는 심정으로 「걱정하지 말아요Don't Worry Baby」를 작곡할 정도였으니까. 필 스펙터에게 발탁되어 깜짝할 순간 스타덤에 뛰어오른 로네츠의 성공담은 적극적인 틴에이지 걸들의 가슴에 불을 질렀다. 애인이 돼달라는 말은 스타가 되게 해달라고 조르고 매달리는 것처럼 받아들여졌다.

내가 그대를 행복하게 해줄게요 / 그냥 기다리기만 해요 /
그대가 내게 키스해줄 때마다 / 나는 그대에게 세 번 키스해줄게요 /
정말이지 난 그대를 처음 본 날 이후로 / 줄곧 그대를 기다려왔어요 /
아시겠지만 난 영원히 당신을 모실 거예요 /
그러니 제발 / 내 애인이 돼주세요

I'll make you happy, baby. Just wait and see / For every kiss you give me,
I'll give you three / Oh, since the day I saw you, I have been waiting for you /
You know I will adore you 'til eternity / So won't you please /
Be my, be my baby

아티스트 ㅣ 로네츠Ronettes
곡명 ㅣ「내 애인이 돼주세요Be My Baby」
앨범 ㅣ「내 애인이 돼주세요」
발매 연도 ㅣ 1963

필 스펙터는 증언한다. "그때 도시 출신의 여자애들이 길거리를 뒤덮었죠. 브릴 빌딩Brill Building(미국 대중음악의 산실인 음악 산업 사무실과 스튜디오 들이 입점해 있던 역사적인 건물) 근처 브로드웨이 틴 팬 앨리 작곡 사무실 앞에 진을 쳤으니까요. 대개 열여섯에서 열아홉 살 사이였는데 정말 음반을 녹음하고 가수가 되려고 혈안이 된 애들이었죠. 자기 방 침대에 누워 스타를 상상하다가 자신들도 그들처럼 유명해질 수 있다는 꿈을 품은 거지요."

생계가 다급한 시절이었다면 어찌 이런 일이 가능했겠는가. 풍성해진 경제의 혜택을 누리며 넉넉하게 받은 용돈으로 자신의 방을 완구로 장식하던 이 아이들은 먹고사는 것에 만족하는 삶을 박차고 또래가 선망하던 엔터테인먼트 톱스타의 꿈을 이루는 데 빠져 있었다. 그들은 높은 엥겔지수가 아니라 높은 문화생활을 원했다.

"그때 도시 출신의 여자애들이 길거리를 뒤덮었죠. 브릴 빌딩 근처 브로드웨이 틴 팬 앨리
작곡 사무실 앞에 진을 쳤으니까요. 대개 열여섯에서 열아홉 살 사이였는데
정말 음반을 녹음하고 가수가 되려고 혈안이 된 애들이었죠."
필 스펙터

로네츠를 전후로 걸 그룹들이 하루가 멀다 하고 쏟아져 나왔고 스타로 떠오른 팀들도 많았다. 시렐스the Shirelles, 크리스털스the Crystals, 챈텔스the Chantels, 샹그리라스the Shangri-Las, 엑사이터스the Exciters 그리고 모타운 레코드사가 키워낸 마블리츠the Marvelettes, 마사 앤 더 반델라스Martha & the Vandellas, 벨베레츠Velvelettes, 슈프림스the Supremes 등 이루 헤아릴 수 없다. 다이애나 로스Diana Ross가 있던 슈프림스는 1960년대 중후반 영국의 비틀스가 대중음악계를 휩쓸던 당시 미국의 자존심을 상징하는 그룹이라고 할 만큼 막강한 인기를 누렸다.

이 걸 그룹들 가운데 샹그리라스와 같은 백인 여자들로 이루어진 팀도 없지 않았지만 대체로 이 팀들이 흑인 여성들로 이뤄졌다는 점에 주목할 필요가 있다. 당대 흑인 공민권 운동의 흐름 아래 아무래도 사회·경제적 지위가 낮은 흑인 소녀들의 신분상승은 흑백 평등으로 향하는 정치사회적 분위기의 반영이었지만 무엇보다 1950~60년대 미국 경제의 폭발 시기가 낳은 아메리칸 드림과 훨씬 더 궁합이 맞았다.

이때부터 음반사들은 걸 그룹의 상업적 파괴력을 확인하고 필요할 때마다 수시로 걸 그룹을 만들어 시장을 조리하는 전통을 확립했다. 1990년대를 화려하게 장식한 슈퍼스타 가운데 3인조 티엘씨TLC를 빼놓을 수 없고 역사상 가장 많은 공연과 음반 판매 매출을 기록한 스파이스 걸스Spice Girls는 토니 블레어 수상 시절 영국의 희망이었다.

2000년대 초반 활약한 특급 3인조 걸 그룹 데스티니스 차일드Destiny's Child는 슈프림스를 롤 모델로 삼았다. 슈프림스에서 1970년대를 지배한 다이애나 로스가 나왔듯 데스티니스 차일드에서는 2000~10년대의 최강 스타 비욘세가 나왔다. 걸 그룹은 이후 호경기에 편승하는 음반 기획자의 단골 수법으로 자리를 잡았다.

걸 그룹이 판치던 그 약동하던 1950~60년대를 당대의 특급 작곡가 제리 리버Jerry Leiber는 이렇게 압축했다. "그 시대는 참으로 천진난만하고 순수한 시대였다. 희망으로 가득했고 환상으로 가득했고 약속으로 가득했다. 동화가 실현되는, 미국이라는 나라가 바라는, 진정한 꿈이 실현되는 시대였다."

걸 그룹의 음악은 실제로 이전의 공황기와 전시의 음악과도 달랐고 1964년 이후의 비틀스와 같은 소란스런 로큰롤 밴드가 판세를 장악하기 이전, 호황기 미국의 순수, 순박, 명랑의 시대를 대변했다. 어른들은 그 시절을 '좋았던 옛날good old days' '잘나가던 시절Go-go days'로 기억한다. 그것은 미국 경제의 역사와도 닮았다. 미국은 세계 경제의 리더라는 자부심을 가지고 있지만 1950~60년대와 같은 좋았던 시절은 유감스럽게도 다시 돌아오지 않았다.

chapter 4

"모두가 캘리포니아 같다면"

The Beach Boys
The Mamas & the Papas

활짝 핀 미국 경제의 산물,
서핑 뮤직과 히피 운동

● 1960년대, 미국 🇺🇸
● Keyword : 서핑 뮤직·히피 운동

폭주와도 같은 미국 경제의 성장세는 미국 동부 지역보다는 서부 지역 캘리포니아에서 만개했다. 1960년대의 개막과 함께 동부 지역은 미국 자유민주주의의 가치를 재발견한 베이비붐 세대 사이에 인권운동과 반전운동이 불길처럼 타오르면서 캠퍼스의 대학생들이 거리로 나와 자유와 평화, 평등을 외치는 '정치'의 공간이 되어갔지만 서부 지역의 사정은 전혀 달랐다. 서부 지역의 핵심은 '풍요'였다.

1950년대 중반 이후, 서부의 캘리포니아 주는 기술 개발과 혁신으로 미국의 풍요로운 경제를 과시할 수 있는 거점으로 떠올랐다. 미국의 많은 주민들은 물론, 중남미와 아시아 사람들까지도 "서부로Go west!"를 외치며 이곳으로 몰려들었다. 이러한 서부행行은 19세기 말, 정확히는 1848~55년까지 금을 찾아 몰려온 이른바 캘리포니아 골드러시로 시작되었지만 1950년대 말과 1960년대 초에 와서 정점에 달했다. 당시 캘리포니아 주지사

THE BEACH BOYS

팻 브라운에 따르면 "세계사에서 가장 대규모의 인구 이동"이 었을 만큼 폭발적인 인구 증가였다.

1940년에 800만 명이던 인구가 20년이 지나서는 눈덩이처럼 불어나 거의 두 배인 1,580만 명으로 늘어났고 폭발적인 경제 성장세를 보인 1962년에는 하루 1,700명 정도의 인구가 유입되어 총 1,700만 명을 기록, 미국에서 인구가 가장 많은 주가 됐다. 캘리포니아는 미국의 새로운 엠파이어로 성큼 올라섰고 이 무렵, 로스앤젤레스 또한 동부의 뉴욕 다음으로 큰 메트로폴리스로 자리 잡았다.

사람들이 서부로 몰려든 이유는 서부가 농업, 광업 그리고 공업의 중심지로 고용의 기회와 폭이 동부와는 비교할 수 없을 만큼 많고 넓었기 때문이다. 이른바 '일자리 창출'이 거저라고 할 정도로 쉬웠다. 목재, 원유, 붕소, 광물, 수은, 방사성 금속, 텅스텐 등 천연자원이 풍부했고 과일, 채소, 사탕무, 호두, 아몬드 등 농작물 생산은 아이오와 주 다음으로 많아 연간 7억 달러의 매출을 기록, 1차 기초산업 관련 일자리가 넘쳐났다. 기후와 토양 또한 다양했다. 일례로 데스 밸리(캘리포니아 남동부의 건조 분지)의 사막에서, 이와는 정반대인 북부의 늪지와 삼림 지역까지, 중부 농업 계곡에서 말리부(로스앤젤레스 서쪽의 해양 휴양지·고급 주택지. 서핑으로 유명하다)의 해변에 이르기까지 없는 기후, 없는 지형이 없다는 것도 사람들의 호기심을 자극했다.

게다가 1962년에는 국방 및 우주 계획 프로그램이 확립되면서 연방 예산의 25퍼센트를 따냈고 1950년대에는 실리콘밸리의 조성으로 '웨스턴 일렉트릭' '레밍턴 랜드' '모토로라' 등 200여 개의 전자회사들이 이곳에 진을 쳤다. 화이트칼라 노동자들이 전국 어느 곳보다 많았던 곳이 캘리포니아였다.

1차 산업(농업), 2차 산업(공업), 3차 산업(서비스업)의 모든 산업이 고루 발달한 캘리포니아로 몰려든 사람들은 농사를 짓거나 공장에 취직할 수 있었고 도심의 빌딩에서 근무했으며 조금만 노력하면 집을 살 수 있었다. 1962년 말, 당시 유명 잡지 『라이프』는 "캘리포니아는 활짝 열린 고용 시장, 수영장이 딸린 풍부한 주택 시장, 160개의 주립 공원과 슈퍼마켓 등으로 미국 평균보다 1인당 국민소득을 25퍼센트 더 많이 예약한 곳"이라며 '이곳으로 오라'라고 대놓고 이주 욕구를 부추기며 타 지역민들을 선동했다.

캘리포니아만의 주제곡이 있다면
서핑 뮤직의 유행

모든 것을 이룰 수 있다는 긍정과 낙관, 나아가 쾌락이 캘리포니아 사람들의 정서를 지배하는 것은 당연했다. 더욱이 캘리포니아는 앞서 말했듯 따뜻한 기후와 작열하는 태양에다 아름다운 샌타모니카, 말리부, 라구나 해변이 있는 천혜의 고장이기도 했다. 일자리를 얻는 것 말고도 태양과 해변 그리고 와인과 같은 문화적 즐거움fun을 맘껏 누릴 수 있었다. 또한 현금이 없어도 언제든 원하는 물품을 살 수 있는 신용카드가 소비자들의 손에 쥐인 것도 이때였다.

거대 도시, 혁신 도시를 넘어 쾌락 도시가 따로 없었다. 제2차 세계대전과 한국전쟁을 마친 전후戰後의 이 같은 캘리포니아 드림은 또한 미국을 수십 년 동안 지배한 키워드인 '아메리칸 드림'으로 직결되었다.

만약 이곳에 음악이, 이곳만의 음악이 존재했다면 어떤 음악이었겠는가. 흑인 공민권 쟁취와 전쟁 반대의 시위 물결에 휩싸인 동부 지역은 밥 딜런과 조앤 바에즈의 포크 음악이 융기했지만 캘리포니아에서는 전혀 성격이 다른 '낙관적인' 사운드의 음악이 나타날 수밖에 없었다.

그것이 바로 전형적인 여름 음악인 서핑 뮤직Surfing Music이었다. 캘리포니아의 서핑 붐을 반영한 이 음악은 캘리포니아를 넘어 미국 전역으로 급속도로 퍼져나갔다. '서핑 놀이하는 미국'이었다. 이 시절 캘리포니아는 미국을 대표했다.

모두가 미국 전체에 걸쳐 바다를 가질 수 있다면 /
모두들 파도타기를 할 텐데 캘리포니아에서처럼 /
헐렁 바지를 입고 가죽 끈 샌들을 신고 / 금발의 부시시 머리로 /
미국을 서핑하지 / (……) 우린 모두 떠날 계획을 세울 거야 /
우린 진짜 곧 떠날 거야 / 우린 우리의 서핑 보드들에 왁스를 먹일 거야 /
6월까지 기다릴 수 없어 / 모두 여름에 떠나 있을 거야 /
우린 사파리 여행을 계속할 거야 /
선생님께 우린 파도타기 하러 갔다고 말해줘 /
미국 전체가 파도타기를 하지
If everybody had an ocean across the U.S.A /
Then everybody'd be surfing like California /
You'd see'em wearin' their baggies / Huarache sandals, too /
A bushy, bushy blond hairdo / Surfin' U.S.A.…
We'll all be planning out a route / We're gonna take real soon /
We're waxing down our surfboards / We can't wait for June /
We'll all be gone for the summer / We're on safari to stay /
Tell the teacher we're surfin' / Surfin' U.S.A.

아티스트 ┃ 비치 보이스The Beach Boys
곡명 ┃「서핑하는 미국Surfin' USA」
앨범 ┃「서핑하는 미국」
발매 연도 ┃ 1963

　　파도타기는 경제성장의 분위기를 반영한 신생 산업으로 위용을 자랑했다. 서핑은 원래 하와이 왕족들의 놀이로 20세기 들어서 미국 서부에 유입된 뒤, 곧 성장 지역 캘리포니아를 대표하는 스포츠로 부각했다. 학생들 사이에서 서핑은 계급의 척도로 통했다. 또 서핑 놀이를 못하면 '안 되는 아이'였고 훌륭한 서퍼라면 '항상 되는 아이'였다. 해변으로 가서 서핑 보드를 들고 파도로 돌진할 능력과 용기만 있으면 됐고 그런 젊은이는 매력적인 '여친'들이 줄줄 따랐다. 서핑과 더불어 '캘리포니아 걸'도 상종가를 쳤다.

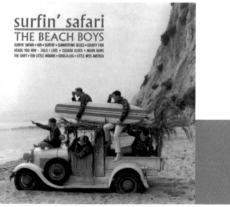

"모두 여름에 떠나 있을 거야/우린 사파리 여행을 계속할 거야/
선생님께 우린 파도타기 하러 갔다고 말해줘/미국 전체가 파도타기를 하지"
비치 보이스, 「서핑하는 미국」에서

동부 여자들은 멋져요 / 난 그들의 옷차림이 맘에 들죠 /
또 남부 여자들의 말투는 / 그곳을 찾을 때마다 나를 죽여요 /
중서부 농부의 딸들은 정말 당신을 기분 좋게 하지요 /
북부 여자들의 키스는 밤마다 남자친구들을 따뜻하게 해주죠 /
(하지만) 난 그들 모두가 캘리포니아,
난 그들 모두가 캘리포니아 사람이 되면 좋겠어요 / (……)
서부 해안엔 햇볕이 있답니다 / 여자들은 모두 선탠을 하지요 /
난 하와이 섬의 프렌치 비키니가 정말 좋아요 /
또 모래의 야자나무 옆에 있는 매력적인 여자들도요

Well East Coast girls are hip / I really dig those styles they wear /
And the Southern girls with the way they talk /
They knock me out when I'm down there / The Mid-West farmer's daughters
really make you feel alright / And the Northern girls with the way they kiss /
They keep their boyfriends warm at night /
I wish they all could be Californian / I wish they all could be Californian /
(……) The West Coast has the sunshine / And the girls all get so tanned /
I dig a French bikini on Hawaii Island / Dolls by a palm tree in the sand

아티스트 ∣ 비치 보이스The Beach Boys
곡명 ∣ 「캘리포니아 걸스California Girls」
앨범 ∣ 「캘리포니아 걸스」
발매 연도 ∣ 1965

태양과 해변, 서핑, 비키니의 캘리포니아
여기에 하나 더, 스포츠카!

1960년대 캘리포니아 서핑 붐을 대표하는 이 두 곡을 노래
한 그룹 비치 보이스도 미국의 대표성을 획득했다. 적어도 영
국의 비틀스가 미국에 진출한 1964년 2월 이전까지는 미국 음
악의 왕자였다. 탁월한 보컬 하모니와 경쾌한 사운드로 무장한

그들이 지금도 팝 역사에서 당당한 위치를 차지하는 것은 무수한 히트곡과 더불어 '1960년대 캘리포니아'라는 시대성을 담보한 덕분이다.

'1960년대 캘리포니아'라는 말만 들어도 미국인들은 역사상 가장 잘나가던 시절을 떠올리며 흐뭇한 표정을 짓는다. 비치 보이스 멤버 알 자딘의 한마디. "사람들은 비치 보이스 노래를 들으며 상상한다. 서핑하고 태양을 즐기고 늘씬한 금발 미녀가 당신의 등에 코코넛 오일을 발라주는 캘리포니아를! 캘리포니아는 거의 황금낙원으로 여겨졌다."

레이디가가Lady Gaga와 더불어 이 시대 팝의 슈퍼 스타덤을 양분하면서 특히 미국인들에게 인기를 누리고 있는 케이티 페리Katy Perry도 이를 모르지 않았을 것이다. '캘리포니아 걸'이 지니는 상징성을 의식해 그녀는 2010년, 비치 보이스의 노래와 제목은 같지만 철자는 다른 「캘리포니아 걸스California Gurls」를 불러 빌보드 차트 1위에 올랐다. 케이티 페리는 동부 힙합의 제왕 제이지Jay Z와 얼리샤 키스가 뉴욕을 찬양하는 「엠파이어 스테이트 오브 마인드Empire State of Mind」를 내놓자 그에 대한 캘리포니아의 답가로서 이 곡을 구상했다고 한다. 캘리포니아에 대한 일종의 자존심의 표현이자 한편으로 캘리포니아가 주도한 1960년대 호시절에 대한 자긍을 실어 나르고 있는 것이다. 「캘리포니아 걸스」에서 랩을 한 스눕 독Snoop Dogg도 그렇고 케이티 페리 자신도 실제 캘리포니아가 고향이다.

세계를 돌아다녀봐 / 그래도 금빛 해변에 견줄 수 있는 건 없어 /
우리랑 파티하면 / 넌 사랑에 빠지게 돼 /

캘리포니아 여자들 우리를 잊지 못할 거야 /
핫팬츠에 비키니 그리고 선탠한 피부는 너무 핫하지 /
너의 아이스캔디를 녹여버릴걸 / 오오호
You could travel the world / But nothin' comes close / To the golden coast! /
Once you party with u-us / You'll be fallin' in love / (……) California gurls /
We're unforgettable / Daisy Dukes, Bikinis on top, Sun-kissed skin /
So hot we'll melt your popsicle! / Oh oh oh ohhhhhhh!

아티스트 ᅵ 케이티 페리Katy Perry(피처링: 스눕 독Snoop Dogg)
곡명 ᅵ 「캘리포니아 걸스California Gurls」
앨범 ᅵ 「틴에이지 드림Teenage Dream」
발매 연도 ᅵ 2010

　　해변의 핫팬츠, 비키니, 건강 미인, 즉 캘리포니아 걸도 캘리
포니아의 자랑이지만 1960년대 당시 캘리포니아의 풍경을 말해
주는 또 하나의 키워드가 있다. 자동차, 바로 스포츠카였다. 이
시기 고속 엔진을 가리키는 핫 로드Hot Rod를 딴 노래들이 쏟아
져 나왔으며 경주를 가리키는 드랙drag이란 말도 인구에 회자되
었다. 비치 보이스는 서핑광을 위한 노래를 만들었듯 속도광을
겨냥해 쉐보레 자동차 409형을 노래한 「409」를 발표했다. 이 노
래의 가사를 쓴 개리 어셔란 인물은 그 무렵 쉐보레 409에 단
단히 빠져 있었다고 한다.

난 돈을 아끼고 모았지 뭔 일에는 때가 있다는 걸 아니까
(자 달려 409, 달리자구 409) / 난 신형 쉐보레 409 자동차를 샀지 /
(자 달려 409, 달리자구 409) / 자 달려 409, 달리자구 409 /
(……) 아무것도 그녀를 따라잡을 수 없어 /
아무도 내 409 자동차에 손댈 수 없어
Well, I saved my pennies and I saved my dimes (giddyup giddyup 409) /

For I knew there would be a time (giddyup giddyup 409) /
When I would buy a brand new 409 (409, 409) /
Giddy up, giddy up, giddy up 409 / (……) Nothing can catch her /
Nothing can touch my 409, 409

아티스트 | 비치 보이스The Beach Boys
곡명 | 「409」
앨범 | 『서핑 사파리Surfin' Safari』
발매 연도 | 1962

비치 보이스의 간판 스타 브라이언 윌슨은 또한 남성 듀오 잰 앤 딘Jan & Dean에게 「드래그 시티Drag City」란 곡을 써주어 그들을 스타로 떠오르게 했다. 잰 앤 딘의 두 멤버도 실제 스포츠카 마니아였으며 잰 베리는 인기 전성기이던 1966년 그들의 노래 「죽은 자의 커브Deadman's Curve」처럼 로스앤젤레스에서 쉐보레 스팅레이 스포츠카를 타고 고속으로 달리다 트럭과 부딪쳐 거의 치명적인 뇌상을 입기도 했다.

이러한 스피드 열풍은 질풍노도 청춘의 에너지 넘치는 삶과 맞아떨어졌다. 1960년대 초반 차량 수가 850만 대에 달한 젊은 도시 캘리포니아에서 자동차 없는 삶은 곧 불구를 의미하는 것이었다. 자동차는 미국 서부의 캘리포니아, 아니 미국 전체의 성장을 축약하는 단어 중 하나였다.

히피의 찬가 「캘리포니아 꿈꾸기」
1960년대 경제를 일군 부르주아적 가치에 도전하다

캘리포니아는 몇 년 뒤인 1960년대 중후반 즈음에는 기성 질서에 편승하기를 거부하며 새로운 가치를 주창한 젊음의 무리, 이른바 히피Hippie들의 본거점이 되기도 한다. 그들의 중심지는 캘리포니아 주를 대표하는 도시이자 로스앤젤레스와 라이벌 관계에 있는 샌프란시스코였다. 샌프란시스코에 몰려든 히피들은 전쟁이 아닌 평화를, 출세가 아닌 나눔을 캐치프레이즈로 내걸며 공동체 의식을 설파하고 또 실천했다.

샌프란시스코의 헤이트 애시베리Haight-Ashbury 구역에서는 아예 히피들이 모든 소유물을 공평하게 나누며 1인 독점 소유를 부정한 유사 사회주의적 해방구의 모습을 연출하기도 했다. 여기를 무대로 뛴 록 밴드와 가수 중에는 상업성을 배격해 레코드 회사와 전속계약을 하지 않은 이들도 있다. 그들이 그와 같은 자유를 실천할 수 있었던 것은 미국의 든든한 경제 덕분에 재정적 궁핍을 겪지 않고 행동과 의식을 제약받지 않은 채 나눔과 무소유를 지향할 수 있었기 때문이다.

당장 먹고살 일이 급하면, 더욱이 미국과 같은 자본주의 시스템하에서 도덕적 선을 실천하기란 어렵지 않은가. 실제로 당시 히피들 중에는 부모가 중산층인 베이비붐 세대 대학생들이 많았다. 그들 히피는 공황기를 겪은 전前 세대들이 신봉한 물질주의적 문화 덕분에 상대적 풍요 속에서 자랐지만 부모들이 숭고하게 떠받든 바로 그 부르주아적 가치를 전면적으로 공격했다. 커서 보니 돈을 버는 것이 결코 삶과 노동의 목표가 아니라는 것이다. 헤이트 애시베리에 거주하고 있던 피터 코엔이란 한 젊은이는 목소리를 높였다. "히피는 분명 중산층의 열매일 것이다. 하지만 히피들은 바로 그들을 낳은 중산층들을 향해 그들에게 주어진 것이 결코 마음에 들지 않는다고 말하고 있는 것이다!" 그들에게 주어진 것은 말할 것도 없이 돈이다. 히피들이 가진 돈의 개념은 그러나 아버지, 어머니 들과는 달랐다. "돈은 흘러 다닐 때만이 아름답다. 쌓이는 순간 돈은 골칫거리가 된다."

젊은이들은 히피의 고상한 이데올로기가 움트기 시작한 캘리포니아 샌프란시스코와 근처 로스앤젤레스로 몰려들었고 또한 무한 동경했다. 팝의 명곡으로 우리에게도 널리 알려진 마마스 앤 파파스The Mamas & the Papas의 곡 「캘리포니아 꿈꾸기 California Dreamin'」는 이러한 흐름을 포착할 수 있는 대표적인 노래다. 이 곡은 히피문화가 막 태동한 1966년에 발표되어 단숨에 밀리언셀러를 기록할 만큼 빅히트 했다.

나뭇잎은 모두 갈색으로 변하고 하늘은 뿌연 빛이고 /
이 겨울날에 난 산책을 했지 /
만약 내가 로스앤젤레스에 있다면 편안하고 따스할 텐데 /
이 추운 겨울날 캘리포니아를 꿈꾼다네
All the leaves are brown / And the sky is gray /
I've been for a walk / On a winter's day / I'd be safe and warm /
If I was in L.A. / California dreamin' on such a winter's day

아티스트 | 마마스 앤 파파스The Mamas & the Papas
곡명 | 「캘리포니아 꿈꾸기California Dreamin'」
앨범 | 「당신의 눈과 귀를 믿을 수 있다면If You Can Believe Your Eyes and Ears」
발매 연도 | 1966

차가운 날씨의 뉴욕에서 따스한 캘리포니아로 가기를 희망하면서 캘리포니아가 주도하는 히피 운동을 찬양하는 메시지를 담은 내용이다. 경제가 꽃을 피운 1960년대에 '아메리칸 드림'은 곧 '캘리포니아 드림'이었다. 그 캘리포니아는 이후 1976년에 나온 이글스의 「호텔 캘리포니아」와는 전혀 성질이 다른 것이었다. 이글스의 캘리포니아도 미국을 상징하는 것이었지만 안타깝게도 1970년대 미국 경제는 이미 성장의 속도가 꺾여 장기 불황에 빠져들게 된 암울한 상황에 처해 있었다.

chapter 5

"내가 원하는 모든 건 돈이야!"

Animals
The Beatles

전후 영국 경제의 산물, 비틀스

미국이 서핑과 스포츠카를 뽐내며
성장과 부의 환희를 누리기 시작한 1950년대 중반
에서 1960년대 초반, 형제 국가인 영국은 사정이 판이
했다. 제2차 세계대전 뒤 폭발적인 베이비붐 현상은 유사했지
만 성장의 열매를 맛보고 있던 미국의 베이비붐 세대들과 달리
'대영제국'의 베이비붐 세대들은 전쟁이 끝난 뒤로도 오랫동안
차가운 경제 현실에 처해 있었다.

제2차 세계대전의 승전국이었지만 승리의 기쁨은 온 데 간
데 없이 경기침체가 계속되었다. 10퍼센트의 높은 인플레이션
에다 저低생산성, 게다가 잦은 노사갈등으로 그 성장률은 주변
유럽 국가의 평균에 훨씬 못 미쳤다. 이것은 패전국인 독일이
놀라운 성장세로 경기회복을 이룬 것과는 대조적이었다. 이렇
게 된 데에는 아마도 패전국을 지원함으로써 승전국을 우회적
으로 견제한 미국의 대외 정책도 어느 정도 작용한 측면이 있지
만 그것을 감안하더라도 영국의 회복세는 너무도 더뎠고, 영국

THE BEATLES

은 미국은 물론 다른 연합 국가들의 지원도 거의 받지 못했다.

록 밴드 롤링 스톤스의 키스 리처즈는 이렇게 털어놓은 적이 있다. "제2차 세계대전은 끝났지만 영국에서는 9년이 더 흐르도록 전시 상황이 계속되었다. 내가 기억하기에 1950년대 중반의 런던은 자갈이 굴러다니고 잡초가 무성한 저개발 도시였다." 그의 말대로 고통스런 영국의 경제 상황은 전시에 실시했던 식량 배급제를 전후 9년이 지난 1954년까지 여전히 행하고 있었다는 사실로도 알 수 있다.

런던을 비롯한 영국 각 도시에는 실업 청년들이 득시글했다. 더욱이 영국은 전쟁이 끝난 뒤 국방 예산의 태부족으로 징병제를 철회했다. 성년이 되면 입대해야 했던 젊은이들은 그나마 3년간은 먹여살려주는 군이 징집을 폐지하자 미래에 대한 방향 감각을 완전히 상실했다. 정처 없는 아이들nowhere boy이 도시를 뒤덮었고 하릴없는 그들이 몰려간 간 곳은 다름 아닌 미국산産 로큰롤 음악이었다.

지금도 전파를 타는 명곡인 애니멀스Animals의 「해 뜨는 집 House of the Rising Sun」은 풍찬노숙하며 그 시대를 살아간 영국 청춘들의 분노를 대변한다. 미국의 밥 딜런도 통기타로 연주하며 불렀던 이 곡을 미국 로큰롤에 심취해 있던 애니멀스는 1964년에 일렉트릭 기타와 드럼을 두드려 강렬하고 진하게 해석했다. 애니멀스의 리더 에릭 버든Eric Burdon은 영국 동북부 탄광 지역인 뉴캐슬에서 태어난 노동계급 출신으로 청소년기에 그룹명이 암시하듯 야수animal처럼 불량배들과 어울려 거리를 쏘다닌 인물이었다.

이 노래가 영국에서 잉태된 것이든, 가사에 표현된 것처럼 미국 뉴올리언스에서 전해 내려온 것이든, 그 기원을 떠나서 오랫동안 민중 사이에 불려온 민요라는 것은 잘 알려져 있다. 버든이 이 쓰라린 회한의 민요를 골라 리메이크한 것은 절망 그 자체인 노래의 주인공과 삭막한 현실에 신음하는 자신이 같은 처지에 있다고 여겼기 때문일 것이다. 이 곡에서 에릭 버든은 한을 토해내듯 마치 한 마리 이리처럼 사납게 울부짖는다. 한 평론가는 그 절규의 보컬을 가리켜 "그를 낳은 북부 영국의 뉴캐슬 탄광을 연상시키는, 걸걸하고 깊은 곳에서 울리는 목소리"라고 평했다.

1964년에 전미 차트 정상에 등극하면서 이 곡은 비틀스, 롤링스톤스, 더 후The Who, 데이브 클락 파이브Dave Clark 5, 허먼스 허미츠Herman's Hermits, 할리스Hollies 등 무수한 영국 밴드들이 마치 침공하듯 미국으로 쳐들어왔다는 의미에서 붙여진 이른바 '브리티시 인베이전British Invasion'의 포문을 연 기념비적인 노래로 비틀스의 초기 히트곡들과 더불어 역사의 한 페이지를 장식하고 있다.

뉴올리언스에 집 하나가 있었죠 / 사람들은 해 뜨는 집이라고 불렀어요 /
수많은 가련한 소년들한테는 폐허인 곳이었죠 /
오 주여, 나도 그들 중 한 사람이랍니다 /
우리 엄마는 재단사였어요 / 내 새 청바지를 만들어주셨죠 /
아버지는 노름꾼이었지요 / 뉴올리언스에서요 /
지금 아버지가 유일하게 필요한 것은 여행 가방과 트렁크죠 /
유일하게 만족한 때는 술에 취했을 때고요 /
어머니, 제발 자식들에게 말해줘요 /
그 해 뜨는 집에서 나처럼 죄와 가난 속에 살지 말라고요 /
한쪽 발은 플랫폼에 / 다른 한 발은 기차에 딛고 /

난 지금 뉴올리언스로 돌아가고 있어요 /
죄수처럼 속박의 삶을 살아야지요

There is a house in New Orleans / They call the Rising Sun /
And it's been the ruin of many a poor boy / And God I know I'm one /
My mother was a tailor / She sewed my new blue jeans /
My father was a gamblin' man / Down in New Orleans /
Now the only thing a gambler needs / Is a suitcase and trunk /
And the only time he's satisfied / Is when he's on a drunk /
Oh mother, tell your children / Not to do what I have done /
Spend your lives in sin and misery / In the House of the Rising Sun /
Well, I got one foot on the platform / The other foot on the train /
I'm goin' back to New Orleans / To wear that ball and chain

아티스트 ǀ 에릭 버든Eric Burdon과 애니멀스Animals
곡명 ǀ 「해 뜨는 집House of the Rising Sun」
앨범 ǀ 「애니멀스The Animals」
발매 연도 ǀ 1964

비틀스 또한 리버풀 출신의 찢어지게 가난한 노동계급의 후
손들이었다. 존 레넌, 폴 매카트니, 조지 해리슨, 링고 스타 이
네 명의 청년들에게는 직장이 아닌 엘비스 프레슬리의 로큰롤
이 운명의 행선지였다. 일자리도 없고 군대 또한 받아주지 않
으니 음악밖에 할 게 더 있었겠는가. 링고 스타는 "우리를 군에
데려갈 제도가 없어졌다. 열여덟 살이 됐는데도 입대를 하지 못
했다. 모든 애들이 뭘 해야 할지 몰라 방황하고 있었다"라고 당
시를 회고한다.

비틀스와 같은 리버풀 출신인 해럴드 윌슨Harold Wilson, 재임
1964~70, 1974~76 당시 노동당 당수는 총선을 준비하면서 여당인
보수당의 경제정책 부재와 무기력을 신랄하게 비판했다. "해가
오고 해가 가도 학교를 졸업한 청년들에게 단 하나의 고용기회

도 주지 못하고 있는 이 시스템은 불신임과 극도의 비난을 받아 마땅하다!" 윌슨은 비틀스가 미국을 정복한 1964년 그해 가을, 야당 당수에서 마침내 수상의 권좌에 올랐다.

고용의 기회를 얻지 못한 가련한 이 젊은이들에게는 멋지게 포마드를 발라 넘긴 헤어스타일과 가죽 재킷 차림을 한 대서양 저편의 미국 로큰롤 스타들이 선망과 동경의 대상이었다. 반항적인 옷차림과 행태의 그 청소년들을 가리켜 언론은 테디 보이Teddy Boy로 일컬었다. 테디 보이들은 미국의 로큰롤 스타를 성공 모델로 삼고 의상과 표정, 말투를 그대로 흉내 내곤 했다. 작렬하는 빠른 리듬의 로큰롤이 청춘의 뜨거운 체온과 맞아떨어졌을 뿐 아니라 자신들과 같은 노동자 출신이면서 돈다발을 긁어모으고 있는 저쪽의 로큰롤 가수들이 부러웠던 것이다.

아닌 게 아니라 트럭 운전기사였다가 1956년에 일약 스타덤에 오른 엘비스 프레슬리는 9년이 흐른 1965년에 레코드 1억 장을 판매해 150만 달러를 벌었고, 영화 열일곱 편에 출연해 135만 달러라는 천문학적인 수입을 기록했다. 비틀스의 존 레넌은 "엘비스 음악을 들을 때까지 나에게 영향을 준 것은 정말이지 아무것도 없었다"라고 말했다. 음악적 충격을 가리키지만 한편으로는 자신도 엘비스 프레슬리처럼 껑충 신분 상승을 하고 싶다는 욕망도 끼어 있었을 것이다.

폴 매카트니는 "내가 원하는 모든 것은 여자, 돈 그리고 옷이었다"라고 실토한 바 있다. 비틀스를 결성할 당시 조지 해리슨은 폴 매카트니에게 이렇게 털어놓았다. "(로큰롤 밴드를 하면) 정말 많은 돈을 벌게 될 거라고 생각했다. 집과 수영장을 사고 그러고 나서 아버지를 위해 버스를 사드리려고 했다." 리버풀의 촌부였던 조지 해리슨의 아버지는 실제로 리버풀 동네 마을버스의 차장이었다. 가난했던 조지는 나중에 떼돈을 벌어 중노동으로 고생하던 부친에게 버스를 선물하고 싶었던 것이다.

비틀스를 만난 당시 방송과 공연 관계자들을 비롯한 모든 주변인들은 한결같이 그들을 보자마자 '온 마음으로 성공을 애타게 바라는 청년들'임을 직감했다고 증언한다. 친부모의 이혼으로 이모 손에서 자란 존 레넌은 말할 필요도 없었다. 그는 죽기 전까지 친어머니의 사랑을 갈구하는 한편 타는 목마름으로 성공을 원했다.

"난 인기를 누리고 싶었다. 리더가 되기를 바랐다. 매력적인 인간이 되어야지 하찮은 인간이 될 수는 없지 않은가. 우리가 원한 것은 이 상황을 벗어나게 해줄 성공이었다."

비틀스는 명성을 원했고 그 명성이 돈을 가져다주고 자신들의 생활을 개선해줄 것이라고 믿었다. 그들이 원한 모든 것은 돈이었다.

사랑이 나를 설레게 하지만 /
그렇다고 내 청구서를 내주는 것은 아니야 /
내게 돈을 주라구 / 돈이 내가 원하는 거라구 /
돈이 내가 유일하게 원하는 거야 / 그게 내가 원하는 거야 /
물론 돈이 모든 걸 다 주지는 않아, 그건 사실이야 /
하지만 돈이 없으면 아예 쓸 수도 없어
Your lovin' gives me a thrill / But your lovin' don't pay my bills /
Now give me money / That's what I want / That's what I want only yeah /
That's what I want / Money don't get everything, it's true /
what it don't get, I can't use

아티스트 ┃ 비틀스The Beatles
곡명 ┃ 「(내가 원하는 것은)돈Money(that's what I want)」
앨범 ┃ 『비틀스와 함께With The Beatles』
발매 연도 ┃ 1963

비틀스가 영국에서 두 번째로 발매한 앨범 『위드 더 비틀스With The Beatles』에 마지막으로 수록된 이 곡은 미국 모타운 레코드사의 창업자 베리 고디Berry Gordy가 쓰고 배럿 스트롱Barret Strong이 불러 히트한 노래를 비틀스가 리메이크한 곡이다. 모타운 하면 흑인 베리 고디가 "가난 타령 그만하고 이제는 흑인들도 돈을 벌어야 한다"라는 비전 아래 1959년에 설립한 흑인에 의한, 흑인을 위한, 흑인의 레코드사를 가리킨다. 그가 키운 뮤지션들로는 스모키 로빈슨, 마빈 게이, 다이애나 로스, 스티비 원더, 마이클 잭슨 등 전설의 가수들이 수두룩하다. 흑인 뮤지션들은 '문화계 흑인 자본주의'의 문을 연 그를 가리켜 파파Papa, 즉 아버지라고 부른다.

"돈은 중요한 게 아니라고, 삶을 망치게 하는 것이라고 주장하는 사람들을 보면 실제로 돈을 가진 사람들이다." 이것이 베리 고디의 생활 철학이었다. 이 주장은 틀렸다고 할 수 없다. 베리 고디는 생활의 여유를 갖기 전에 가장 중요한 것은 돈이라고 보고 「(내가 원하는 것) 돈」이란 곡을 썼던 것이다. 그래서 노동 계급 출신의 빈곤한 비틀스가 너무도 솔직한 메시지의 이 곡에, 그리고 모타운의 작품에 끌렸다고 할 수 있다. 비틀스의 활동에 결정적 역할을 했던 영국 국영방송 BBC 라디오에서 그들은 무려 여섯 번이나 이 곡을 녹음했다.

비틀스만 이 노래를 한 것은 아니었다. 브리티시 인베이전의 기수들인 상당수 영국 밴드들—서처스Searchers, 프레디 앤 더 드리머스, 롤링 스톤스 등—이 다투어 이 곡을 음반 취입했다. 브리티시 인베이전 시기 영국 밴드들의 공통분모는 돈을 벌어 가난을 탈출하고자 하는 욕망이었음을 알 수 있다.

비틀스는 그토록 바라던 스타덤에 오르고 나서 미국을 정복하던 해인 1964년에 기념비적인 곡 「네 손을 잡고 싶어I Want to Hold Your Hand」와 「그녀는 널 사랑해She Loves You」에 이어 또 하나의 대박 히트곡 「돈으로 사랑을 살 수 없어Can't Buy Me Love」를 발표한다. 어느새 여유를 찾고 나서 돈을 다르게 보는 비틀스의 변화가 나타난다.

난 네게 다이아몬드 반지를 사줄 수 있어, 친구야 /
네가 좋다면 말이야 / 난 어떤 것도 줄 수 있어 / 네가 좋아한다면 /
왜냐면 난 돈에 그다지 신경 쓰지 않거든 /
돈으로 사랑을 살 수 없기 때문이지 /
난 내가 가진 것 모두를 너한테 줄 수 있어 /
네가 날 사랑한다고 한다면 말이야 /
설령 줄 게 많지 않아도 내가 가진 것을 너한테 줄 수 있어 /
난 그렇게 돈에 얽매이지 않고 / 돈으로 사랑을 살 수 없기 때문이야

I'll buy you a diamond ring my friend / If it makes you feel all right /
I'll get you anything my friend / If it makes you feel all right /
'Cause I don't care too much for money / For money can't buy me love /
I'll give you all I've got to give / If you say you love me too /
I may not have a lot to give / But what I've got I'll give to you /
I don't care too much for money / For money can't buy me love

아티스트 I 비틀스The Beatles
곡명 I 「돈으로 사랑을 살 수 없어Can't Buy Me Love」
앨범 I 「어느 고단한 날 밤A Hard Day's Night」
발매 연도 I 1964

"돈으로 사랑을 살 수 없다"?
비틀스의 막대한 외화벌이

그러고 보면 1950년대 말에서 1960년대 초반, 영국의 경기침체와 징병제 해제가 아니었으면 비틀스와 롤링 스톤스 같은 영국의 전설적인 뮤지션들은 등장하지 못했을지도 모른다. 결국 경제가 비틀스를 만들었다고 할 수 있다. 비틀스와 궤를 같이한 당시 해럴드 윌슨 수상의 머릿속도 온통 정치가 아닌 경제로 꽉 차 있었다. 취임하자마자 그의 당면 과제는 큰 폭의 국제수지 적자를 해소하는 것이었다. 영국은 그 시절 국가 재정 측면에서 수입만 많고 수출은 부진했다.

이때 동향同鄉의 비틀스가 미국을 비롯한 해외에서 공연과 음반 판매로 막대한 돈을 벌어들였으니 영국인들로서는 얼마나 기뻤을까. 비틀스는 모든 사람들이 인정하는 '대영제국 최고의 수출품'이었다. 당시 비틀스가 벌어들인 돈은 1965년 말까지 미국 순회공연으로만 5,600만 달러 이상으로 알려져 있다. 비틀스가 주연한 영화 「하드 데이즈 나이트A Hard Day's Night」의 경우만 해도 개봉 6주간 상영 대여료 수입만 560만 달러에 달했다.

정확한 통계가 나오지 않았지만 그 이상이었던 음반 판매액까지 포함하면 수억 달러에 달했을 것이다. 비틀스는 누구도, 심지어 그들의 영웅 엘비스 프레슬리도 넘볼 수 없는 천문학적 수준의 수입 그래프를 써 내려갔다. 1964년 한 해 그들이 거둔 연간 총매출은 웬만한 영국 기업의 그것을 넘어섰다고 한다. 국가 경제에 보탬이 되는 이러한 비틀스의 막대한 외화벌이는 집

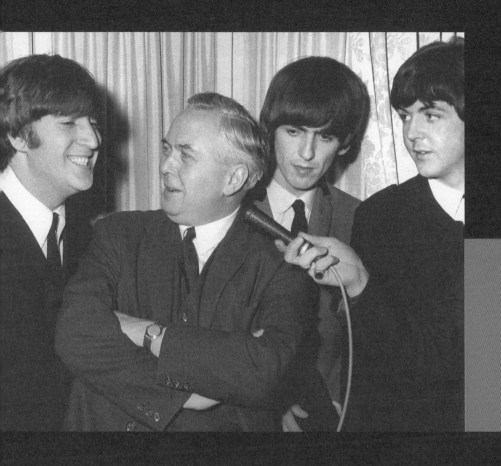

"만약 우리에게 비틀스가 하나 더 존재했다면
만성적인 국제수지 적자를 면하는 데 도움이 됐을 것이다!"
해럴드 윌슨

권 노동당에게 웃음을 선사했다. 윌슨 수상은 급기야 대영제국의 5등 훈장인 M.B.E.Member of the British Empire 수상 후보로 비틀스를 엘리자베스 2세에게 천거하기에 이른다. 이 상은 그간 주로 제2차 세계대전의 영웅이나 인권운동의 지도자들에게 하사됐지만 이념보다 국가 경제 회복이 더 중요했던 관료 윌슨 수상은 많은 외화를 벌어들인 '복덩어리' 비틀스를 염두에 둔 것이다.

훈장 수여를 둘러싸고 찬반여론이 격하게 대립했다. 기존의 수상자들 가운데는 느닷없이 '딴따라' 비틀스에게 이 상을 준다는 소식을 듣고 명예 실추를 이유로 자신이 받은 훈장을 반납한 사람도 있었다. 하지만 윌슨 수상이 거의 논란을 잠재우듯 던진 한마디는 당시 영국 경제의 실상을 역설적으로 전하는 것이었다. "만약 우리에게 비틀스가 하나 더 존재했다면 만성적인 국제수지 적자를 면하는 데 도움이 됐을 것이다!" 비틀스는 그해 6월, 엘리자베스 여왕 2세에게 M.B.E.를 하사 받았다.

chapter 6

"험한 세상의 다리 되어"

Louis Armstrong
Simon and Garfunkel

1960년대와 확연히 달라진
1970년대의 미국 경제

→ 1970년대 초, 미국 🇺🇸

→ Keyword : 히피 운동 · 싱어송라이터

1960년대의 미국은 '캘리포니아 드림'이 웅변하듯 하나의 꿈이었다. 모두가 그 좋았던 시절이 다시 돌아오기를 꿈꾼다. 이후 카터도, 레이건도, 클린턴도 그리고 지금의 오바마도 결국 경제적으로 바라는 이상 사회는 1960년대일 것이다. "무지개 너머 어딘가에 우리의 꿈이 이루어진다"(「무지개 너머 어딘가에」에서)던 소원은 1960년대에 실현되었다.

루이 암스트롱의 「이 얼마나 멋진 세상인가What a Wonderful World」가 발표된 때는 미국의 경제성장이 끝을 모르고 달리던 시절인 1967년이었다. 노랫말에 만족과 낙관이 절절 흐른다.

저는 푸른 나무를 봅니다, 빨간 장미도요 /
전 그것들이 저와 그대들을 위해 만개하는 것을 보지요 /
그러곤 스스로 생각합니다 / "이 얼마나 멋진 세상인가" /
전 푸른 하늘, 흰 구름을 본답니다 / 축복받은 밝은 낮과 신성한 밤도요 /
그러곤 혼자 생각합니다 / "이 얼마나 멋진 세상인가" /

LOUIS ARMSTRONG

하늘에는 참 예쁜 무지개 빛깔들이 /
지나가는 행인들의 얼굴에도 있네요 /
전 친구들이 안부를 물으며 악수하는 것을 봅니다 /
그러면서 정말은 "아이 러브 유"라고 말하는 거지요

I see trees of green, red roses, too / I see them bloom, for me and you /
And I think to myself / What a wonderful world /
I see skies of blue, and clouds of white /
The bright blessed day, the dark sacred night / And I think to myself /
What a wonderful world / The colors of the rainbow, so pretty in the sky, /
Are also on the faces of people going by /
I see friends shaking hands, sayin', "How do you do?" /
They're really sayin', "I love you"

아티스트 ｜ 루이 암스트롱Louis Armstrong
곡명 ｜「이 얼마나 멋진 세상인가What a Wonderful World」
앨범 ｜「이 얼마나 멋진 세상인가」
발매 연도 ｜ 1967

　　무지개라는 낱말 하나로 모든 게 끝이다. 그런 호시절이었다.
이 곡의 가사를 쓴 사람은 이 멋지고 풍요로운 시대에 젊은이
들이 들고 일어나 정치적으로 또 인종적으로 대립하고 갈등하
는 혼란의 분위기가 안쓰러웠을 것이다. 반전과 인권운동의 시
대, 히피들의 시대에 대한 일종의 반발로 노랫말을 썼다. 한마
디로 '이 좋은 시절에 왜들 난리인가?'라는 심정이었다.

　　젊은 층은 지나친 긍정과 낙천적 사고를 담고 있는 이 노래
를 보수적이라고 여겼다. 가뜩이나 백인들에게 아첨하는 비굴
한 태도로 욕을 먹고 있던 루이 암스트롱을 향한 비난은 더욱
거세졌다. 그는 '엉클 톰'이라 불리는 모멸을 당하기도 했다. 하
지만 세월이 흐르면서 이 곡은 삶에 대한 낙관적 시각을 호출
하는 시점마다 재조명되면서 지금은 '좋았던 1960년대를 추억

하는 명작'으로 든든한 위상을 확보했다.

1960년대를 태평성대로 기억한다는 것은 다른 말로 이후에는 그렇지 못했다는 뜻이기도 하다. 정말 놀랍게도, 오랫동안 호황일 것 같았던 미국의 경제는 1970년대에 들어서자마자 거짓말처럼 곤두박질치기 시작한다. 정치적인 측면에서 세계 질서의 축임을 자부하던 미국의 지위가 흔들리기 시작한 것과 궤를 함께해 미국은 여러 모로 어려운 국면에 돌입했다.

무엇보다 달러 가치가 몰락했다. 참전과 반전으로 여론을 거의 둘로 나누어놓은 베트남 전쟁은 격화일로로 치달았고 그만큼 미국은 국방비를 포함해서 많은 예산 지출을 피할 수 없었다. 이 무렵 미국의 경제력과 경쟁력에 비해 높은 달러 가치, 낮은 환율이 적용되면서 미국은 국제 무역에서 불리해졌고 큰 폭의 무역적자가 발생했다. 결국 이러한 긴장을 이기지 못해 1969년과 1970년 사이에 달러 가치는 무려 6퍼센트나 폭락했다. 닉슨Richard Nixon, 재임 1969~74 정부는 어쩔 수 없이 공공지출을 대폭 삭감했고 통화 긴축 정책을 내놓았다.

심지어 1971년 8월 15일, 닉슨 정부는 너무 많은 달러가 해외로 유출되어 가치가 떨어지자 달러 가치를 방어하기 위해 달러를 금과 바꿔주지 않는 금태환 정지를 발표해 세계 경제를 충격에 빠뜨린다. 결론적으로 "나부터 살아야겠다!"는 것이었다. 이른바 '닉슨 쇼크'로 불리는 이러한 정책은 사실상 국가 비상사태를 선언한 것과 다르지 않았다.

미국은 대공황 때의 악몽인 실업률 증가에 다시 부딪혔다. 1969년에 3.5퍼센트였던 실업률이 1970년에는 6.2퍼센트로 수직 상승했다. 갑작스런 경기후퇴로 미국 사회 전반에 찬바람이

불었다. 현실을 반영하는 대중가요에는 1960년대 중후반까지
도 보이지 않던 '고통'과 관련한 어휘와 주제의 노래들이 스멀스
멀 나타나기 시작했다. 1970년에 발표돼 지금까지 세기의 명곡
으로 꼽히는 사이먼 앤 가펑클의 노래 「험한 세상의 다리 되어
Bridge over Troubled Water」가 여실히 증명하듯 현실은 고통과 역경
으로 묘사되었다.

당신이 지치고 의욕을 상실했을 때 / 당신이 거리를 헤맬 때 /
견디기 힘든 저녁이 찾아올 때 / 내가 당신을 위로할게요 /
어둠이 내리고 고통이 둘러쌀 때 / 내가 당신 편이 되어드릴게요
When you're down and out / When you're on the street /
When evening falls so hard, I will comfort you /
I'll take your part / Oh, when darkness comes / And pain is all around

아티스트 ǀ 사이먼 앤 가펑클Simon and Garfunkel
곡명 ǀ 「험한 세상의 다리 되어Bridge over Troubled Water」
앨범 ǀ 『험한 세상의 다리 되어』
발매 연도 ǀ 1970

　물론 경제난이 고통의 전부는 아니었다. 1960년대 말은 사
랑과 평화 그리고 사회 변혁을 위해 싸워온 히피와 신좌파 젊
은이들이 슬슬 자신감을 내려놓기 시작할 때였다. 거리로 나와
집단 시위하며 다른 세상이 오기를 그토록 외치고 부르짖었지
만 그들이 바라던 것은 공허한 이상에 불과했다. 젊은이들의
이러한 열망과는 다르게 1968년 선거에서는 보수 세력을 대변
한 공화당 후보 닉슨이 대통령에 당선됐다. 경제 이전에 정치와
사회가 이전과는 다르게 돌아갔다.
　그래서 젊음의 함성이 지배한 1969년의 우드스톡 페스티벌

은 대중음악사에서는 아주 중요한 역사적 이벤트로 남아 있지만, 사회사적인 관점에서는 '1960년대 청년 스피릿의 정점인 동시에 몰락'으로 기록된다. 더욱이 1970년 5월에는 시위하던 오하이오 주의 켄트 주립대학 학생들에게 진압군이 총격을 가하면서 학생 네 명이 사망했다. 이 충격적인 사건은 대학생들이 시위 대열에서 물러나게 된 결정적인 계기가 됐다. 더 나은 세상을 위해 싸우며 거리로 쏟아져 나왔던 젊은이들은 다시 집으로, 캠퍼스로 돌아가기 시작했다.

한편 1960년대 '자유연애'를 내건 히피 운동의 영향으로 젊은이들 사이에서는 실연과 이혼이 급증했고 결혼 제도 자체에 대한 회의도 깊어져갔다. 상당수 젊은이들이 결혼을 낡은 제도, 구습으로 여기고 헤어지고 갈라서면서 싱글들이 크게 늘어났다.

이런 사회적 변화에 차가운 경제 현실이 겹치면서 미국인들의 정서는 우울하게, 피폐하게 변해갔던 것이다. 이러한 상황을 겨냥해 1972년 미국 대통령 선거에서 야당 민주당 후보 조지 맥거번 진영은 선거 캠페인 송으로 사이먼 앤 가펑클의 「험한 세상의 다리 되어」를 채택했다(비록 닉슨의 재선으로 끝났지만 말이다).

당신이 처지고 고통스러울 때 / 당신이 애정 어린 관심을 필요로 할 때 /
그리고 아무것도 제대로 되지 않을 때 / 눈을 감고 나를 생각해요 /
그러면 곧 내가 달려가서 / 당신의 가장 어두운 밤마저도 밝혀드릴게요
When you're down and troubled / And you need some love and care /
And nothing, nothing is going right / Close your eyes and think of me /
And soon I will be there / To brighten up even your darkest night

"당신이 처지고 고통스러울 때 / (……) 눈을 감고 나를 생각해요"
「당신에겐 친구가 있어요」는 황량한 1970년대의 정서를 반영한 '위로'의 테마송으로
역사에 길이길이 전한다.

아티스트 │ 캐롤 킹Carole King
곡명 │ 「당신에겐 친구가 있어요You've Got a Friend」
앨범 │ 「태피스트리Tapestry」
발매 연도 │ 1971

친구를 얘기하는 순간마다 어김없이 등장하는 캐롤 킹Carole King의 「당신에겐 친구가 있어요You've Got a Friend」다. 팝의 명곡으로 꼽히는 이 노래는 단순한 친구에 관한 노래가 아니라 1970년대가 개막하면서 외롭고 황량한 당대의 정서를 반영한 '위로'의 테마송으로 역사에 길이길이 전하고 있다. 이처럼 1970년대의 팝 음악 가운데는 잘 달려가던 미국의 경제에 급브레이크가 걸리면서 생겨난 근심과 고독을 달래는 위로의 노래들이 많다.

취업하기 힘들고 미래에 대한 불안 심리가 지배하게 되면 사람들 사이에는 개인주의 성향이 퍼지기 마련이다. 실제로 1970년대는 미국에서 '우리의 10년'이었던 1960년대와 달리 '나의 10년Me Decade'로 정의되고 있다. 주변과 이웃을 돌볼 여유가 사라지면서 우선 자신부터 챙기자는 분위기였다고 할까.

음악도 쿵쾅거리던 사운드의 로큰롤이 아니라 개인적 시각과 때로는 성찰을 담은 '낮은' 음조의 노래들이 각광받았다. 혼자서 곡을 쓰고 노래하는, 개인의 역량이 필수적인 이른바 싱어송라이터들이 하루가 다르게 쏟아져 나왔던 시기 또한 바로 이때였다. 캐롤 킹도, 「아메리칸 파이」를 부른 돈 매클레인Don McLean도 당대의 싱어송라이터들이었다.

10년 동안은 우리의 세월이었지 /

그리고 구르는 돌에는 이제 이끼가 두텁게 끼었지 /
이전과 정말 달라진 거야
Now, for ten years we've been on our own /
And moss grows fat on a rolling stone / But that's not how it used to be

아티스트 | 돈 매클레인Don McLean
곡명 | 「아메리칸 파이American Pie」
앨범 | 「아메리칸 파이」
발매 연도 | 1971

음악계의 절대적인 존재인 비틀스부터가 1970년에 해산하면서 존 레넌, 폴 매카트니, 조지 해리슨, 링고 스타 등 네 멤버 모두 흩어져 솔로 활동에 돌입했고 존 레넌은 첫 솔로 앨범의 수록곡 「신God」을 통해 이렇게 새 출발과 홀로서기를 천명했다.

난 비틀스를 믿지 않는다 / 난 나를 믿어 / 요코와 나를 /
꿈은 끝났어 / 하지만 난 이제 다시 태어났어
I don't believe in Beatles / I just believe in me / Yoko and me /
(……) The dream is over / (……) But now I'm reborn

아티스트 | 존 레넌John Lennon
곡명 | 「신God」
앨범 | 「존 레넌/플라스틱 오노 밴드John Lennon/Plastic Ono Band」
발매 연도 | 1970

비틀스 못지않은 명성을 자랑했던 전설의 듀오 사이먼 앤 가펑클도 1970년에 갈라서 개인 활동에 들어갔다. 이후 폴 사이먼은 1970년대의 대표적 싱어송라이터로 시대를 풍미했다. 비틀스의 존 레넌, 폴 매카트니, 조지 해리슨, 링고 스타와 폴 사이먼 그리고 캐롤 킹, 돈 매클레인 외에도 1970년대의 개막과 함께 스타덤에 오른 제임스 테일러, 칼리 사이먼, 해리 닐슨, 짐 크로치, 랜디 뉴먼 등이 싱어송라이터 시대를 주도한 인물들이 었다. 1970년대 인기 차트를 수놓은 돈 매클레인의 「아메리칸 파이」와 제임스 테일러의 「화염과 비Fire and Rain」, 그리고 주디 콜린스가 불러 공전의 히트를 기록한 「이제는 양면 모두를Both Sides, Now」(조니 미첼 작곡)이 말해주듯 이들은 급변한 경제 현실 과 결코 무관하다고 할 수 없는 그 시절의 고단한 삶을 주로 노 래했다.

천사의 머리카락이 굽이치며 흘러다니듯 /
아이스크림 성이 하늘에 떠 있는 듯 /
그리고 이곳저곳의 깃털 모양 협곡처럼 /
난 이제껏 구름을 그렇게 바라봤죠 /
하지만 이제 구름은 태양을 가로막고 / 모두에게 비와 눈을 내리네요 /
많은 일을 하려 했지만 구름이 앞을 막아버렸어요 /
난 이제 구름의 양면을 보게 되네요
Bows and flows of angel hair / And ice cream castles in the air /
And feather canyons everywhere / I've looked at clouds that way /
But now they only block the sun / they rain and snow on everyone /
So many things I would have done / But clouds got in my way /
I've looked at clouds from both sides now

아티스트 ┃ 주디 콜린스Judy Collins
곡명 ┃ 「이제는 양면 모두를Both Sides, Now」
앨범 ┃ 「야생화Wildflowers」
발매 연도 ┃ 1968

chapter 7

"우린 그저 호시절을 노래합니다!"

Bee Gees Chic

불황에 디스코붐?

참 이상한 일이 일어났다. 1970년대 중반, 미국의 정치사회와 경제에 닥친 어두운 현실과는 거리가 먼, 쾌락 일변도의 댄스 음악인 디스코가 갑자기 유행하기 시작한 것이다. 주머니 사정은 형편없어지고 있는데도 발을 구르며 하늘을 향해 손을 찌르는 춤바람이 미국 전역을 달구었다. 힘들다고 춤추지 말라는 법은 없지만 너무도 소비 향락적인 디스코 댄스 음악이 미국 사회를 강타한 것은 얼핏 이해할 수 없는 일이었다.

미국은 1975년에 역사상 최초로 전쟁에서 패했다. 10년 이상을 끌어오며 미국 전체를 전쟁 피로감으로 물들인 베트남전이 패배로 끝나면서 미국은 좌절에 빠졌고 미국인들은 자존심에 상처를 입었다. 더욱이 베트남전에 따른 만성적인 예산 적자로 인해 미국의 제럴드 포드Gerald Ford, 재임 1974~77와 지미 카터Jimmy Carter, 재임 1977~81 정부는 치솟는 물가를 잡는 데 실패하여 지속적인 인플레이션이 발생했고, 게다가 경기까지 침체되었다.

BEE GEES

말 그대로 미국 경제는 스태그플레이션Stagnation + inflation에 접어
든 것이다. 사람들이 씀씀이를 줄이면서 소비경제는 위축될 대
로 위축되었고 젊은이들은 일자리를 구하기 어려워졌다. 이런
판국에 어이없게도 마치 봄날이 온 것처럼 즐거워 날뛰는 광란
의 디스코 댄스 붐이 터진 것이다.

디스코 붐의 기폭제는 존 트래볼타 주연의 영화 「토요일 밤
의 열기Saturday Night Fever」였다. 가난하고 고통에 찌든 이탈리아
계 청년이 흰색 정장 차림의 디스코 스타로 일약 발돋움하는
내용의 이 영화로 디스코 열기는 걷잡을 수 없는 속도로 확산
되며 1970년대 말에는 지구촌 전체를 휘감았다. 비지스Bee Gees
가 음악을 맡은 이 영화의 사운드트랙 앨범은 세계적으로 순
식간에 3,000만 장이 팔려 나가면서 그때까지 사상 최고의 판
매량을 기록했다. 베트남전 패망과 스태그플레이션을 고려하면
거의 '미쳤다'고 할 만한 판매 광풍이었다. 기가 빠져야 정상일
것 같은 사람들이 환영에 사로잡힌 듯 춤을 춰대며 자신들이
'살아 있다'라고 소리를 질러댔다.

내 신발에는 천국의 날개가 달려 있어 /
난 춤꾼이고 난 절대 지지 않아 / 괜찮아 괜찮아 /
난 내일을 보고 살 거야 / (……) 넌 살아 있어 /
도시가 무너지고 모두가 춤추며 흔드는 걸 느껴봐 /
넌 살아 있어 / 살아 있다니까 / 살아갈 방향을 잃었고 /
누군가 나를 도와주지 / 누군가가 날 도와줘 / 난 살아 있어
Got the wings of Heaven on my shoes / I'm a dancin' man and I just can't lose /
You know, it's all right, it's okay / I'll live to see another day /
(……) You're stayin' alive, stayin' alive / Feel the city breakin' and
everybody shakin' / Stayin' alive, stayin' alive / (……)

Life goin' nowhere, somebody help me, yeah / Stayin' alive

아티스트 | 비지스Bee Gees
곡명 | 「난 살아 있어Stayin' Alive」
앨범 | 「토요일 밤의 열기Saturday Night Fever」(OST)
발매 연도 | 1977

주변 상황과 현실이 어찌 됐든 '난 살아 있다'는 것이다. 아마도 사람들은 디스코를 통해 삶의 시름에서 벗어나고자 한 것 같다. 이 노래는 빌보드 차트 정상을 4주간 군림했고 밀리언셀러를 기록하면서 글로벌 디스코 붐을 선도했다.

광적이었던 당대의 디스코 열기를 보자. 「토요일 밤의 열기」 개봉 이후 뉴욕에서만 1,000곳 이상의 디스코텍이 개업했다. 심지어 인구가 1,900명밖에 되지 않는 위스콘신 주 페니모어의 작은 읍내에 10만 달러를 들여 지은 초호화 디스코장이 들어서기도 했다. 전국적 통계에 따르면 1978년 한 해 동안 미국 전역의 2만여 디스코텍에서 3,600만 명 이상의 미국인들이 디스코를 추었다고 한다.

서민이든 고위층이든 너 나 할 것 없이 디스코에 열광했다. 뉴욕 맨해튼의 디스코텍 '스튜디오 54'에는 셰어, 워런 비티, 우디 앨런, 파라 포셋, 데이비드 보위 등 당대의 잘나가는 '셀럽'들이 게스트로 모습을 드러내 유명 업소로 이름을 날렸다. 이 무렵 '스튜디오 54'의 연간 수익은 한 업소의 이득으로는 상상할 수 없는 80만 달러에 달했다고 한다.

"흑인다움blackness은 언제나 멋지다"
흑인문화로서의 디스코

　백인들이 주도하면서 여전히 디스코를 백인 문화로 인식하는 사람들이 있지만 디스코는 흑인들이 드나들던 도시의 클럽에서, 그것도 흑인 동성애자들 사이에서 발전해온 엄연한 '블랙' 문화라는 점을 기억해야 한다. 8비트 리듬의 반복을 생명으로 하는 디스코는 당대의 흑인 음악인 16비트 펑크보다는 강렬한 동작을 구사할 수 있으면서도, 16비트에서 8비트로 비트 수를 줄인 결과 한결 춤추기가 수월해 빠르게 춤 인구를 흡수할 수 있었다는 평가를 받는다.

　백인 지배의 미국 사회에서 늘 소외돼온 흑인들은 동성애자 음악인 디스코를 통해 성적性的 억압과 이성애 관습에서 탈출하고 또한 '누구나 스타가 될 수 있다'라는 느낌, 현실에서는 누릴 수 없는 '평등'의 쾌감을 누렸다고 한다. 그 평등은 실제로 디스코를 추는 풍경에서 확인할 수 있다. 여럿이 빙 둘러 댄스 플로어에서 춤을 추다가 돌아가면서 중심에 한 사람을 밀어 넣는다. 원의 중심에 들어간 사람이 주변의 요구에 맞춰 그만의 춤을 추면 동료들의 박수와 환호가 쏟아진다. 적어도 그 순간만은 스포트라이트를 받는 '스타'로 등극하는 것이다.

　특정 인물만이 유명해지는 것이 아니라 누구나 스타가 된다는 평등의식은 흑인들을 사로잡았고 그들은 이 새로운 댄스에 자신의 모든 것을 맡겼다. 이 과정에서 쾌락적인 양상이 나타났다. 그것은 한마디로 "이 지겨운 백인 세상에서 우리는 디스코 춤으로 시름과 밤을 날려버린다!"라는 것이었다. "저 잘난

체하는 백인들의 미국은 베트남전에서 패했다. 죄 없는 우리는 전쟁이 끝났으니 놀아야 하고 춤을 춰야 한다. 우리에게는 봄날이 왔다!"

쉭Chic은 1970년대 후반 디스코의 전성기에 가장 잘나간 그룹으로, 후대에 큰 영향력을 미쳤다. 초창기에 나일 로저스(기타), 버나드 에드워즈(베이스), 토니 톰슨(드럼)과 두 명의 여성 보컬로 팀을 짠 이 밴드는 디스코가 당대 흑인들의 사고와 문화를 어떻게 반영했는지를 말해준다. 그들은 '아이러니' 투성이었다. 이름부터가 저소득층 흑인들에게 어울릴 법하지 않은, 우아함와 세련됨을 뜻하는 프랑스어 '쉭'을 내걸었고(우리가 요즘 자주 쓰는 '시크'다) 마치 은행원이나 비즈니스맨인 양 맵시 있는 정장을 입었다.

쉭은 말한다. "이상하게 여기겠지만 'Chic'이란 이름을 쓴 것은 흑인다움은 언제나 멋진 개념이기 때문이다. 1950년대와 1960년대에 그것은 흑인 공민권 운동으로 나타났고 '블랙 팬더 당'도 그렇다. 지금 1970년대 우리의 캐치프레이즈는 '우리는 아름다운 사람들이다. 우리는 쉭이다. 우리는 촌스럽지 않고 평범하지 않다!'는 것이다."

그 아이러니는 1979년 그들의 빅히트 싱글 앨범 『호시절Good Times』에서 방점을 찍는다. 패전의 위축과 대공황 이후 최악의 경기후퇴 시점에 역설적으로 '굿 타임스', 즉 경사 났다며 호시절이라고 떠들어댄 것이다.

좋은 시절이야 좋은 시절이라고 /
근심거리는 뒤로하라고, 좋은 시절이거든 /

좋은 시절이야 좋은 시절이라고 /
마음을 새롭게 해, 좋은 시절이라고 / 봄날이 다시 왔어 /
친구 사귀기 좋은 때야 /
자 같이 가자고! 밤 9시 45분쯤이 어때 /
(……) 이 스트레스와 불화를 끝내야 해 /
나는 즐겁게 살고 싶거든

Good times, these are the good times /
Leave your cares behind, these are the good times /
Good times, these are the good times /
Our new state of mind, these are the good times /
Happy days are here again / The time is right for makin' friends /
Let's get together, how 'bout a quarter to ten /
(……) Must put an end to this stress and strife /
I think I want to live the sporting life

아티스트 | 쉭Chic
곡명 | 「호시절Good Times」
앨범 | 『리스케Risqué』
발매 연도 | 1979

　이 곡은 1979년 8월, 디스코 열기가 정점에 달한 시점에 발표되었다. 또 다른 쉭의 대표곡 「르 프릭Le Freak」과 마찬가지로 빌보드 차트 1위에 등극한 이 노래를 두고 음악 전문지 『모조』는 "20세기의 가장 중요한 레코드 중 하나"라는 찬사를 보냈다. 디스코 리듬과 전체적 분위기도 압권이지만 이 곡은 버나드 에드워즈의 아주 길고도 빼어난 베이스 라인을 전면으로 내걸어 많은 연주자들의 넋을 빼앗았다. 당시로서는 상당히 파격적인 연주와 편곡 덕분에 디스코 음악을 추구하는 음악가들이 예나 지금이나 벤치마킹하는 불멸의 팝송으로 꼽힌다. 실제로 후대에 특히 랩과 힙합 분야의 많은 가수들이 너도나도 이 곡

"쉭의 「호시절」은 가사 하나하나가 대공황 시절의 노래로 되돌아가자는 데 기초했다.
그래서 그 시절의 노래 「봄날이 다시 왔도다」를 빌린 것이다."

나일 로저스

을 샘플링 했고 국내 팝송 팬들에게도 잘 알려진 그룹 퀸의 차트 넘버원 곡 「또 하나가 쓰러지네Another One Bites the Dust」와 블론디의 1위 곡 「환희Rapture」 또한 이 곡에 영감을 받아 탄생하기도 했다.

장사는 안 되고 가계는 빚에 시달리는 최악의 상황에서 호시절이라니, 세상 물정 모르고 우기는 꼴이나 다름없다. 게다가 저 1930년대 대공황 시기에 밀턴 에이저가 가사를 쓴 명곡 「봄날이 다시 왔도다」의 제목을 고스란히 차용하는 대목에서는 입이 벌어진다. 하지만 이 곡을 쓴 나일 로저스는 이런 가사를 쓰게 된 배경에 대해 이렇게 말한다.

"1970년대 말에 우리는 대공황 이후 가장 심각한 경기침체를 겪고 있었다. 대공황 때 사람들은 「봄날이 다시 왔도다」를 부르지 않았는가. 금주법이 폐기되어 다시 술을 마실 수 있었기 때문이다. 쉭의 「호시절」은 가사 하나하나가 대공황 시절의 노래로 되돌아가자는 데 기초했다. 그래서 그 시절의 노래 「봄날이 다시 왔도다」를 빌린 것이다."

그러니까 역사상 최악이라고 할 대공황 당시의 노래를 들먹인 것은 자신들이 겪고 있는 경기침체를 역逆으로 가리키는 의도라는 설명이다. 좋은 시절이니 무작정 마구 춤추고 마시자는 향락으로의 초대만은 아니라는 것이다. 어려운 때이지만 긍정적으로 생각하고 춤추면서 시름과 고통을 잊자는 지극히 서민적 접근이라고 할 수 있다. 또 지긋지긋한 베트남전도 끝나지 않았는가. 그래서 즐기고 논다는데 누가 뭐라고 한단 말인가.

반反디스코 정서
디스코는 정치적 무관심의 일그러진 표현이다?

그럼에도 불구하고 디스코를 쾌락의 도가니로 무조건 직결시킨 평가가 당대 평단의 대세였다. 이 판국에 춤추고 술 마시고 노는 것은 마치 사창가에서 즐기는 일시적인 전율과 뭐가 다르냐는 것이다. 게다가 디스코 문화는 개인주의가 팽배한 1970년대의 두 가지 풍조인 섹스, 마약과 맞물리면서 세간에서 더욱 경계와 비판을 받았다.

실제로 디스코텍의 댄스 플로어는 물론 업소의 계단과 출구, 발코니, 탈의실, 욕실 어디에서나 처음 만난 사람들끼리 섹스 행각을 벌였으며 마약 파티가 벌어졌다. 특히 앞에서 말한 맨해튼 '스튜디오 54'의 발코니는 섹스와 마약의 공간으로 악명이 높았다. 디스코는 밤을 불태우는 쾌락주의자들의 메뉴에 메인 코스로 통했다.

디스코 문화가 갈수록 향락과 도피적 행태로 나타나면서 정치적 무관심의 일그러진 표현이라는 비판에서 벗어날 길이 없었다. 그 시절 디스코 아닌 뉴웨이브 음악을 했던 밴드 디보Devo의 마크 마더스바우는 심지어 디스코를 "죽이는 몸매에, 머리는 텅 빈 미녀"에 빗대면서 당대 정치적 무관심의 산물이라고 평했다.

이러니 반反디스코 정서가 융기할 수밖에 없었다. 1979년 7월 12일에는 메이저리그 야구 더블헤더 경기에서 디스코에 대한 혐오를 공개적으로 드러낸 '디스코 폐기의 밤Disco Demolition Night' 행사가 개최되기까지 했다. 언론은 이날을 '디스코가 죽은 날'로 기록했다. 하지만 디스코는 죽지 않았다.

1983년 전미 차트 정상에 오른 데이비드 보위의 「춤을 춥시다Let's Dance」와 1985년 신년 벽두에 빌보드 1위는 물론 대중적 광풍을 몰고 온 마돈나의 기념비적인 히트곡 「처녀처럼Like a Virgin」도 디스코 송이다. 세기말과 2000년대 초반을 사로잡은 자미로콰이Jamiroquai나 현재 최고 팝 스타로 군림하고 있는 브루노 마스Bruno Mars도 디스코를 음악적 소재로 삼고 있다.

디스코 문화에 표면적으로 드러난 정치적 무관심 한편에는 경제적 함의가 저류했음을 기억할 필요가 있다. 호주머니가 텅 비어 심리적으로 쪼그라든 시절에 댄스파티로 그 괴로운 경기 침체에서 벗어나려고 했다고 할까. 디스코는 '경제적 어려움에 대한 일그러진 발로'보다는 '일그러진 경제에 대한 발로'라는 규정이 더 온당할지도 모른다.

역사적으로 보면 경기가 최악일 때 사회 분위기와 정반대로 디스코 음악뿐 아니라 댄스 음악이 유행하는 경우가 있다. 사회 지도층과 식자층은 이에 대해 우려를 표할지 몰라도 '결과적으로는 그게 그것인' 정치와 정책에 관심이 없는 서민들은 '쾌락의 평등주의'에 따라 춤과 음악으로, 그 위대한 놀이로 시름을 날린다. 당대 미국의 흑인들은 더욱 그러했을 것이다. 대중의 가장 가까운 위안은 바로 춤과 음악이다.

chapter 8

"난 무정부주의자야!"

Sex Pistols
Clash
Crying Nut

청년 실업자들의 분노 폭발

● 1970년대 말, 영국 🏴 1990년대 말, 한국 🇰🇷

● Keyword : 오일 쇼크·펑크·IMF

비록 인플레, 물가 상승 그리고 스태그플레이션에 찌든 미국이었지만, 다른 분야는 몰라도 디스코 붐 덕분에 미국 대중음악계는 봄날이었다. 디스코텍 '스튜디오 54'가 연간 80만 달러라는 천문학적 수익을 거두자 창업주인 스티브 루벨은 "아마도 마피아 정도만이 우리보다 더 많은 돈을 남길 것"이라고 떠벌리기도 했다.

로큰롤 음악이 전체 음반 매출 가운데 80퍼센트를 차지하며(1975년 기준) 그 기세가 여전한데다 디스코가 거들면서 음반 업계는 유례없는 호황을 맞이했다. 굴지의 레코드사인 CBS는 4,850만 달러라는 상상을 초월하는 수익을 기록했고 그보다 작은 MCA 레코드사마저도 1978년 한 해 550만 달러의 이익을 남겼다. 경제 전문지 『포브스』는 1978년 7월호에서 "근래 연예 비즈니스에서 큰돈이 몰리는 곳은 음반 업계"라는 제목의 특집을 다뤘다.

비록 국가 경제는 어려웠지만 음반 업계는 정반대로 룰루랄

SEX PISTOLS

라 콧노래를 불렀던 것이다. 록 스타나 디스코의 스타들이 떼돈을 버는 것은 당연했다. 디스코를 시도한 록의 강자들, 즉 롤링 스톤스, 로드 스튜어트, 데이비드 보위, 블론디 등을 비롯한 톱 가수들은 돈방석에 앉았고 주지육림에 빠졌다. 『포브스』는 적어도 톱 50명의 록 슈터스타들은 한 해 200만 달러에서 600만 달러의 돈을 벌어 이곳저곳에 투자한다고 진단했다. 그 매출 규모는 고액 연봉을 받는 대기업 간부와 고위 공무원이 받는 급여에 견주어 세 배에서 일곱 배나 많았다는 것이다.

영국은 사정이 달랐다. '해가 지지 않는 나라'라는 수식에 걸맞지 않게 경제의 측면에서 영국은 해가 지고 있었다. 경기 회복의 기운은 시들했고 나라 경제에 이바지하던 음악계는 커진 덩치를 유지하느라 새로운 환경을 살필 겨를이 없었다. 1970년까지 해럴드 윌슨 수상 아래 노동당 정부는 새로운 환경에 대비한 경제정책을 수립하는 데 갈팡질팡했다. 1967년에는 파운드화를 다시 평가절하 해야만 했다. 산업 각 분야의 경쟁력은 여타 선진국과 비교해 그리 높지 않았고 특히 국유화된 공기업은 그 문제가 좀 더 심각했다. 이 무렵 영국의 경제성장률은 경쟁 국가인 독일과 프랑스에 비해 반도막에 불과할 정도였다.

게다가 영국 경제의 하향세와 반비례하여 노동조합의 파업은 날로 증대했고 이것은 해럴드 윌슨의 노동당 정부와 이후 에드워드 히스Edward Heath, 재임 1970~74 수상이 있던 보수당의 권력 기반을 철저히 흔들어놓았다. "영국은 파업으로 해가 뜨고 해가 지는 나라"라는 조롱이 안팎으로 유행했다. 그 유명한 '영국병'이다. 정부는 노조의 비위를 맞춰야 했고 임금은 급격히

올랐으며 과도한 복지 정책으로 재정 적자를 피해가지 못했다. 야당은 '복지 포퓰리즘'이 나라를 망친다고 집권 노동당을 맹렬히 공격했다.

파업 가운데 또 한 차례 커다란 위기가 닥쳤다. 바로 1973년의 오일 쇼크였다. 수차례의 중동전쟁으로 석유 가격이 폭등한 것이다. 중동의 산유국들이 석유를 무기화하면서 석유수출기구OPEC는 석유 가격을 마구 올려대 1배럴당 3달러 하던 석유가 갑자기 12달러로 무려 네 배나 폭등했고, 석유 수입국들은 쇼크사死 할 지경이었다. 중동 석유에 의존하던 나라의 경제는 완전히 엉망이 돼버렸다. 1978년 이란의 혁명으로 또 한 차례 석유 수출이 중단되면서 다시 세계는 제2차 오일 쇼크를 맞아 걷잡을 수 없는 혼란에 빠지게 된다.

잠깐 한국으로 얘기를 돌려보자. 경제성장의 기치를 들어 올리며 무진 땀을 흘리던 한국도 오일 쇼크에 카운터펀치를 맞고 휘청거렸다. 그나마 영국은 북해 유전을 개발했지만 우리는 석유 생산과는 조금도 인연이 없었다. 신문과 방송은 "석유 한 방울 나지 않는 나라"라는 표현으로 우리의 가련한 처지를 빗대기 시작했다. 어린아이들까지도 "휴지를 만드는 데도 석유가 있어야 하고 껌을 만드는 데도 석유가 필요하다"라는 말을 입에 올리곤 했다. 온통 석유, 석유 타령이었고 산유국은 선망의 대상이었다.

석유에 목마른 한국은 마침내 일본과 대륙붕 협정을 맺어 제주도 남쪽의 오키나와 해구 지역에 대량의 천연가스가 매장되었다는 제7광구를 공동 탐사 개발하기에 이른다. 이곳에서 석유가 날 가능성이 높다는 것이었다. 7광구의 망망대해에 석

「제7광구」는 산유국에 대한
온 국민의 기대와 열망에 편승해
히트곡 대열에 올랐다.

유시추선이 띄워졌고 이제 우리도 석유 한 방울 나지 않는 나라에서 산유국으로 바뀔 것이라는 꿈에 부풀었다. 2011년 개봉한 하지원, 안성기 주연의 영화 「7광구」도 바로 이를 배경으로 하고 있다.

2011년이 아니라 이미 오일 쇼크가 터진 그때부터 우리의 로망은 석유 생산이었고 국민들의 시선은 7광구로 쏠렸다. 이런 국민의 열망에 힘입어 제목이 '제7광구'인, 거의 기우제 성격의 대중가요가 출현하기 이른다. 1979년 여가수 정난이가 발표한 이 노래는 산유국에 대한 온 국민의 기대와 열망에 재빠르게 편승했고 한동안 전파를 타면서 히트곡 대열에 올랐다. 가사는 산유국을 꿈꾸는 절절한 애원과 욕망으로 가득하다.

나의 꿈이 출렁이는 바다 깊은 곳 / 흑진주 빛을 잃고 숨어 있는 곳 /
제7광구 검은 진주 제7광구 검은 진주 /
새털구름 하늘 높이 뭉실 떠가듯 / 온 누리의 작은 꿈이 너를 찾는다 /
제7광구 검은 진주 제7광구 검은 진주 / (……) 이 세상에
너의 모습 드러낼 때는 / 두 손 높이 하늘 향해 반겨 맞으리 /

아티스트 ┃ 정난이
곡명 ┃ 「제7광구」
앨범 ┃ 「정난이 새노래」
발매 연도 ┃ 1979

"난 무정부주의자야!"

무정부 상태를 바란 영국의 청년 실업자들

에너지를 전량 수입에 의존하는 영국으로서는 오일 쇼크 사태가 엎친 데 덮친 격이었고 그에 따라 인플레이션이 발생할 것은 불을 보듯 뻔했다. 실질 경제성장률은 마이너스. 1974년 영국의 인플레이션은 약 24퍼센트에 달했다. 1년이 지나자 3퍼센트가 늘어 27퍼센트까지 올랐다. 당연히 국가와 기업의 고용 능력이 급전직하, 1974~77년에는 실업률이 12퍼센트로 급상승했고 청년 실업률은 무려 20퍼센트에 달했다.

견딜 수 없었던 영국 정부는 해럴드 윌슨에 이어 수상이 된 제임스 캘러헌James Callaghan, 재임 1976~79에 와서 외환 보유고가 바닥이 나자 국제통화기금IMF에 구제금융을 신청하기에 이른다. 무려 53억 달러 규모였다. 선진국으로서는 역사상 최초로 IMF 체제에 들어간 것이다. '해가 지지 않는 나라' 영국으로서는 참을 수 없는 모욕이었고 국치國恥였다.

명문대를 졸업해도 취직은 엄두도 내질 못했다. 1978년 영국의 실업자의 수는 150만 명을 상회했다. 런던, 맨체스터 등 주요 도시의 거리는 직장을 얻지 못한 실업청년들로 가득했다. 그들은 자신들을 전혀 챙기지 못하고 있는 기존 사회질서와 시스템을 조롱하고 혐오하지 않을 수 없었다. 기민한 사업가이자 문화 기획자인 맬컴 매클래런Malcom McLaren은 이런 경제 상황과 실업청년들의 불만을 정확하게 읽어냈다.

맬컴이 성난 청년들의 아우성을 전달하고자 구상한 그룹이 전설의 섹스 피스톨스Sex Pistols였다. 매클래런은 밴드 오디션에 응모한 불량 청년 존 라이던John Lydon을 그룹의 보컬로 뽑았다. 매클래런은 존 라이던이 영국의 자랑인 밴드 핑크 플로이드의 티셔츠에 '난 증오한다I hate!'를 휘갈겨 쓴 담대한 자세에서 반항의 기조를 확신했고 그의 치아가 썩은 것rotten을 보고 조니 로튼Johnny Rotten이란 예명을 붙여주었다.

조니 로튼과 섹스 피스톨스는 IMF 체제와 높은 인플레이션 국면에 허우적거린 영국 청년 실업자의 분노를 대변했다. 그들은 기타의 배킹backing을 강조해 날카롭고 소란스런 록 사운드가 두드러지는 펑크 록을 구사했다. 일자리를 못 얻어 생계를 위협받고 조금도 사회적 존재감을 느끼지 못할 경우, 질풍노도의 젊은이들이 무엇을 하겠는가. 거리로 흘러나와 무리를 지어 막무가내 식으로 세상을 향해 분을 퍼부어댈 수밖에 없다.

"이게 과연 대영제국인가." 그들은 차라리 국가가 '무정부 상태'가 되는 게 자신들에게 더 낫겠다고 여겼다. 그들의 분노는 1976년의 기념비적인 곡 「영국의 무정부 상태Anarchy in the UK」로 폭발했다.

난 무정부주의자야 / 내가 뭘 원하는지는 모르지만 /
어떻게 얻는지는 알지 / 난 행인들을 파괴해버리고 싶어 /

난 무정부주의자가 되고 싶으니까 / 난 개가 아니라구 /
영국에 무정부주의는 언젠가 아마도 올 거야 /
난 시간을 바꾸고 교통을 마비시킬 거야 /
네 미래의 꿈은 쇼핑 계획 세우는 거야 /
내가 무정부주의가 되고 싶으니까 / (……) 이게 유일한 길이야
I am an anarchist / Don't know what I want but / I know how to get it /
I wanna destroy the passerby / 'Cause I wanna be anarchy! /
No dogsbody / Anarchy for the UK / Its coming sometime and maybe /
I give a wrong time, stop a traffic line /
Your future dream is a shopping scheme / 'Cause I wanna be anarchy! /
(……) It's the only way to be

아티스트 | 섹스 피스톨스Sex Pistols
곡명 | 「영국의 무정부 상태Anarchy in the UK」
앨범 | 「영국의 무정부 상태」
발매 연도 | 1976

　　이렇게 극단으로 치닫게 된 궁극적 이유는 무엇인가. 자신들
이 사회에서 버려진 아이들, 하릴없이 방황하는 아이들, 미래
와 희망이 차단된 아이들, 사회의 맨 밑바닥에 깔린 사랑도 할
수 없는 아이들, 바로 실업자들이었기 때문이다. 늘 놀기만 해
야 하는 그들에게 화창한 휴일이 무슨 의미가 있겠는가. 그 실
업자들은 '위험하게도' 다른 체제, 공산주의 체제로 가보고 싶
은 공상에 빠진다.

다른 사람의 곤궁에 기대는 이 싸구려 휴일! /
난 화창한 휴일을 원하지 않아 / 난 새로운 벨센*에 가고 싶어 /
난 어떤 역사를 보고 싶어 / 왜냐면 경제가 나 같은 모양이니까 /

* '벨센'은 제2차 세계대전 당시 나치의 수용소 이름이다.

"록이란 기본적으로 젊은이들의 음악 아닌가?
그런데 많은 젊은이들이 사기를 당하고 있다고 생각한다.
그들은 스물다섯 살이 넘은 (베이비붐 세대) 관객들에게 음악을 빼앗겼다고 느낀다."
맬컴 매클래런

이유가 있어 / 이유가 있어 / 아직도 기다리지 / 이유가 된 거야 /
내가 베를린 장벽을 기다리는 이유가 있어 /
이 2인치 벽 사이에서 들리는 입체 음향 /
난 공산주의자의 부름을 기다리고 있어 / 난 화창한 날이 필요 없어 /
이건 제3차 세계대전이야 /
난 벽 너머로 보고 있고 그들도 나를 보고 있어

A cheap holiday in other peoples misery! / I don't wanna holiday in the sun /
I wanna go to New Belsen / I wanna see some history /
'Cause now I got a reasonable economy /
Now I got a reason, now I got a reason /
Now I got a reason and I'm still waiting /
Now I got a reason, now I got reason to be waiting / The Berlin Wall /
In Sen surround sound in a two inch wall /
Well I was waiting for the communist call /
I didn't ask for sunshine and I got World War III /
I'm looking over the wall and they're looking at me

아티스트 | 섹스 피스톨스Sex Pistols
곡명 | 「화창한 휴일Holidays in the Sun」
앨범 | 「Never Mind the Bollocks, Here's the Sex Pistols」
발매 연도 | 1977

섹스 피스톨스의 펑크 록은 단순히 실업자들을 대변하는 데
그치지 않고 실업자들의 분노를 공격적으로 표현했기 때문에
대중음악의 역사에서 중요한 모멘트를 차지한다. 반反예술적이
어서 도리어 예술적인 아이러니의 미학에다가 역사를 논할 때
한층 가치가 증대되는 '시대성'이 더해진 것이다. 섹스 피스톨스
를 뒤따라 나온 또 하나의 펑크 영웅 클래시Clash도 마찬가지
다. 그들이 1977년에 내놓은 첫 앨범에 수록된 노래 「고용기회
Career Opportunities」는 제목이 말해주듯이 일자리를 제공하지 못
하는 영국 경제 시스템에 대한 깊은 불신과 불만을 드러낸다.

그들은 나한테 일자리를 줬어, 가게도 줬고 /
일자리를 줬으니 닥치는 대로 하는 게 좋다는 거야 /
근데 그렇다고 BBC 방송국에서 차나 끓이는 일을 해야겠어? /
정말 경찰을 해야겠느냐고 / 고용기회라는 말은 허울뿐이야 /
그들이 너희한테 주는 직업은 결국 다 내쫓는 거야 /
이건 제대로 된 고용기회가 아니야 /
(……) 버스 운전기사, 앰뷸런스 구급대, 검표원, 이게 뭐냐구 /
차라리 징집 제도를 도입해 / 내가 하려는 방식을 막아야 할 거야 /
만약 나더러 장난감이나 만드는 일 따위 하라고 한다면 /
정말 그렇다면 그거라도 해야지 뭐

they offered me the office, offered me the shop /
They said I'd better take anything they'd got /
Do you wanna make tea at the BBC? /
Do you wanna be, do you really wanna be a cop? /
Career opportunities are the ones that never knock /
Every job they offer you is to keep you out the dock /
Career opportunities, the ones that never knock /
(……) Bus driver, Ambulance man, Ticket inspector, I don't understand /
They're gonna have to introduce conscription /
They're gonna have to take away my prescription /
If they wanna get me making toys / If they wanna get me, well I got no choice

아티스트 | 클래시Clash
곡명 | 「고용기회Career Opportunities」
앨범 | 『클래시The Clash』
발매 연도 | 1977

왜 그들은 반反 핑크 플로이드의 자세를 취했는가
형 세대 슈퍼스타들의 그늘 아래에서

여기서 잠깐 얘기를 되돌려 앞에서 조니 로튼이 섹스 피스톨스 오디션 때 왜 반反 핑크 플로이드의 자세를 취했는가를 짚고 넘어갈 필요가 있다. 핑크 플로이드 하면 현대 사회의 소외와 부조리를 비판하는 메시지로 존경받던 숭고한 그룹 아닌가. 그들의 명곡 「돈Money」은 자본주의 시스템을 비판하는 곡이다. 그렇지만 실업자인 조니 로튼과 섹스 피스톨스의 눈에 그들은 앨범을 낼 때마다 수백만 장의 판매고를 올리는 '부르주아' 그룹일 뿐이었다. 핑크 플로이드가 활동하던 1960년대에 출현한 록 그룹들은 나이가 들면서 순수함과 멀어졌다. 그들 외에 당대 최고인 롤링 스톤스를 위시해 더 후, 레드 제플린, 퀸, 폴 매카트니, 에릭 클랩턴, 피터 프램튼, 로드 스튜어트 등과 같은 슈퍼 뮤지션들, 나이로는 바로 손위 형들은 이제 젊은 세대를 노래하는 아티스트들이 아니었다.

섹스 피스톨스와 같은 펑크는 굳이 세대 분류를 하자면 포스트-베이비 붐 세대에 속한다. 그들 슈퍼스타들 탓에 포스트 베이비붐 세대의 펑크 뮤지션에게는 음반 취입의 기회가 좀처럼 주어지지 않았다. 음악을 해서 뜰 수 있는 기회가 원천 봉쇄된 것이다. 음악계는 이 청년들을 무시했고 오로지 돈을 벌어다주는 슈퍼스타의 이름값에 철저히 의존했다. 형들인 슈퍼스타들이 미웠던 펑크 뮤지션들은 영국 사회뿐 아니라 바로 그 슈퍼스타, 슈퍼 밴드를 거칠게 공격해 들어갔다.

조니 로튼의 일갈은 이제 역사가 되었다.

"멍청한 일이다. 실업수당을 받는 사람들은 사랑 노래가 필요 없다. 우리는 무관심하지 않다. 어떤 형태든 그 무관심과 싸울 것이다. 음악계 전반의 '슈퍼 밴드' 시스템과 투쟁할 것이다. 더 후나 롤링 스톤스 같은 그룹들은 비위에 거슬린다. 그들은 더 이상 우리에게 제시할 것이 없다!"

섹스 피스톨스의 기획자 맬컴 매클래런(비록 나중에 섹스 피스톨스 멤버들에게 사기죄로 고소당하기도 했지만)도 똑같은 주장을 했다. "록이란 기본적으로 젊은이들의 음악 아닌가? 그런데 많은 젊은이들이 사기를 당하고 있다고 생각한다. 그들은 스물다섯 살이 넘은 (베이비붐 세대) 관객들에게 음악을 빼앗겼다고 느낀다."

체제에 사기당하고 박탈당했다고 생각한 청년 세대는 이 펑크 록 밴드에게 열렬한 지지를 보냈다. 주류 레코드사의 지원이 없었음에도 1977년 6월 영국 엘리자베스 여왕 즉위 25주년 행사를 비웃는 발칙한 내용의 「신이여, 여왕 폐하를 구해주소서God Save the Queen」는 젊은 세대의 압도적 호응 속에 영국 싱글 차트 2위까지 점프했고 클래시의 앨범 역시 차트 2위에 오르는 기염을 토했다.

이름부터 그 불량함을 대번에 알 수 있는 펑크 밴드들, 이를테면 댐드Damned(저주받은 자), 수지 앤 더 밴시즈Siouxsie and the Banshees('밴시'는 원래 아일랜드의 여자 유령으로 한국전쟁 때 쓰인 미군 폭격기의 별명이기도 하다), 제너레이션 엑스Generation X, 버즈콕스Buzzcocks의 싱글과 앨범들이 주류 차트 상위에 진입했다. 제너레이션 엑스라는 그룹명이 말해주듯 펑크 록의 젊은이들은 알 수 없는 세대란 의미에서 스스로를 'X세대' 또 텅 비었다는 의미에서 '블랭크blank 세대'로 일컬었다. 뉴욕 펑크의 왕이자 펑크 패션의 창시자로 불리는 리처드 헬Richard Hell의 앨범 제목이 '블랭크 제너레이션'이었다.

펑크는 공동의 적

언더그라운드에 갇히다

섹스 피스톨스와 클래시가 그랬듯 이 펑크 밴드들 모두가 저돌적이고 시끄럽고 아름답지 않았다(아름답지 않기는커녕 지저분했다). 때로 이러한 공격성은 폭력성으로 나타나기도 했다. 불황이 장기화되면서 일상 속의 린치, 자기 위안형의 폭력이 드러났다고 할까. 같은 시기 미국의 펑크 그룹 토킹 헤즈Talking Heads의 1977년 데뷔 앨범의 수록곡인 「미치광이 살인마Psycho Killer」를 보면 알 수 있다.

난 현실을 받아들일 수 없을 것 같아 /
난 초조하고 긴장되고 안정이 되지를 않아 /
잠을 잘 수도 없어 침대가 불타고 있거든 /
나 건드리지 마, 정말로 열 받았으니까 / 미치광이 살인마 /
이게 뭐야 / 저 멀리 도망치는 게 좋을 거야 /
(……) 우린 쓸모없어 우린 눈 멀었어 /
난 사람들이 불친절할 때가 제일 싫어
I can't seem to face up to the facts / I'm tense and nervous and I can't relax /
I can't sleep 'cause my bed's on fire / Don't touch me I'm a real live wire /
Psycho killer / Qu'est-ce que c'est? / Fa fa fa fa fa fa fa fa far far better /
Run, run, run, run, run, run, run away / (……) We are vain and we are blind /
I hate people when they're not polite

아티스트 ┃ 토킹 헤즈Talking Heads
곡명 ┃ 「미치광이 살인마Psycho Killer」
앨범 ┃ 「토킹 헤즈: 77Talking Heads: 77」
발매 연도 ┃ 1977

대책 없는 정도가 아니라 심지어 폭력 성향이 나타나는 이 아이들을 기성 사회와 어른들이 그냥 놔두었을 리 없다. 성직자들은 그들을 악마의 자식들이라고 성토했고 의원들은 "가는 곳마다 사고를 치는 깡패"라고 욕설을 퍼부었다. 섹스 피스톨스가 「신이여, 여왕 폐하를 구해주소서」를 발표하자 극우단체 청년들은 백주 대낮에 조니 로튼과 폴 쿡에게 면도날과 칼, 곤봉을 휘두르기도 했다. 섹스 피스톨스를 비롯한 펑크 밴드들은 공공의 적이었다.

1977년과 1978년의 소용돌이 끝에 1979년에 이르러 펑크가 수면 아래로 가라앉게 된 것은 기존 질서에 너무도 비타협적이었기에 감히 주류로 올라갈 수 없었기 때문이다. 펑크는 오랫동안 언더그라운드라는 이름의 지하에 갇혀 있었다. 특히 미국 음악 팬들은 40위 인기곡을 전해주는 톱40 라디오에서 펑크 록이란 장르의 음악을 전혀 접하지 못했다. 그들이 대중적인 차원에서 처음 들은 펑크 록은 놀랍게도 1991년 너바나가 발표한 「스멜스 라이크 틴 스피릿Smells Like Teen Spirit」이었다. 그러니까 펑크가 영국과 미국에서 등장한 지 무려 14~15년 정도 흐른 뒤였다.

"닥쳐, 닥쳐, 닥쳐, 닥쳐, 닥치고 내말 들어!"
IMF 체제에는 펑크가 제격

미국인들이 펑크를 오랫동안 듣지 못했다면 팝송 수입국인 우리가 접했을 리는 더더욱 만무했다. 날카롭고 지저분한 사운드의 펑크 록은 우리의 오랜 청취 관습과 맞지 않았다. 펑크의 존재 자체를 몰랐고 설령 알았더라도 라디오는 당시에 괴물 같은 패턴의 음악을 방송하지 않았다. 연주자들도 펑크 록의 주요 수법인 기타 배킹을 웬만해서는 구사하지 않았고 누군가 했더라도 녹음실에서는 볼륨을 크게 낮추곤 했다.

펑크가 국내에 소개된 때는 바로 우리가 IMF 체제에 들어간 1997년 무렵이었다. 크라잉 넛 등이 서울 홍대의 라이브 클럽 '드럭'에서 공연하던 1995년경부터 펑크의 기운이 싹텄고 이듬해 펑크 밴드 크라잉 넛과 옐로우 키친이 최초의 가시적 결과물이라고 할 앨범 『아워 네이션 Vol. 1』을 발표했다. 여기에 「말 달리자」가 있다.

살다보면 그런 거지 우후 말은 되지 /
모두들의 잘못인가 난 모두를 알고 있지 닥쳐! /
노래하면 잊혀지나 사랑하면 사랑받나 /
돈 많으면 성공하나 차 있으면 빨리 가지 닥쳐 /
닥쳐 닥쳐 닥쳐 닥치고 내 말 들어 /
우리는 달려야 해 바보 놈이 될 순 없어 말 달리자 /
말 달리자 말 달리자 말 달리자 말 달리자 /
이러다가 늙는 거지 그땔 위해 일해야 해 /
모든 것은 막혀 있어 우리에겐 힘이 없지 닥쳐!

 아티스트 ￨ 크라잉 넛
곡명 ￨ 「말 달리자」
앨범 ￨ 『아워 네이션』
발매 연도 ￨ 1996

이 곡은 처음에는 인디 쪽에서만 통했다. 닥치라고 하고 바보 놈이라고 하는 이런 과격한 어조와 마치 부숴대는 듯한 굉음의 사운드가 주류 매체에 넘실댄다는 것은 불가능했다. 하지만 당시의 사회경제 현실은 이들의 아우성과 울부짖음을 최소한 일부라도 용인하도록 하는 상황을 만들어주었다. 이 곡에 대한 열광적인 반응은 한껏 물이 올랐던 한국 경제의 거품이 꺼지면서 1997년 12월 굴욕적인 IMF 체제의 수렁에 빠져 들어간 때와 정확히 맞물렸다.

게다가 1999년 한 광고의 배경음악으로 사용되면서 예상되는 부조화마저 사라졌다. 대기업의 연쇄부도, 대량실업, 환율가치 하락으로 사람들의 삶은 갑자기 나락으로 떨어졌고 피폐해졌다. IMF가 강요한 재정긴축, 고금리, 부채비율 축소와 같은 구조조정에 의해 기업이 받은 압박 또한 컸다.

거리와 공원은 홈리스로 가득했다. 구조조정으로 쫓겨나지 않았어도 빈약해진 호주머니로 인해 높은 삶의 질은 감히 꿈꾸지도 못하고 직장에서 잘리지 않을까 하는 불안에 시달리면서 높은 노동 강도를 감내하던 당시의 직장 노동자들에게 '닥쳐!'를 연발하는 이 곡은 하나의 카타르시스와 쾌감으로 작용했다.

순식간에 「말 달리자」는 '넥타이 부대의 송가'로 승격했다. 수많은 20~30대 젊은 층이 고래고래 악쓰듯 이 노래 가사를 질러댔다. 당시 SBS 라디오 프로듀서였던 고민석씨는 이 곡에 대해 "가사의 혁명, 형식의 파괴, 거기에 남녀노소를 불문하고 노래방의 애창곡으로 자리 잡은 놀라운 대중성까지" 갖추었다며 "대중의 잠재된 욕망을 표출해준 모두의 응원가"라고 해석했다.

이전 같으면 너무 거칠고 야만적이라고 거들떠보지도 않았을 노래를 응원가로까지 환대한 이유는 무엇이었을까. 시대가 용

납할 수 없는 절규를 후련함으로 변용變容토록 했기 때문이다. 거칠어도 불안한 심리를 날려버릴 노래가 필요했다. 이때 펑크의 고삐 풀린 무한폭발 아우성은 제격이었다.

그것은 과거 영국이 IMF 비상체제로 들어갔을 때 사납기 그지없는 섹스 피스톨스의 「영국의 무정부 상태」와 「신이여, 여왕폐하를 구해주소서」가 환영받은 것과 하나도 다를 게 없다.

우린 지금 눈을 감고 / 추락하고 있다 /
소년소녀들아 모두 함께 모여 모여라 / 갈 곳 없는 외로운 천사 /
수많은 이야기들 / 내 사랑아 너도 함께 같이 가자 (……)
모두 추락해서 / 지구를 박살내자 / 나는 거짓말쟁이 / 너도 거짓말쟁이 /
우린 지금 모두 / 여기 다 죽자

아티스트 ▎크라잉 넛
곡명 ▎「다 죽자」
앨범 ▎「서커스 매직 유랑단」
발매 연도 ▎1999

크라잉 넛 외에 당시 우후죽순처럼 쏟아져 나온 우리 펑크 밴드들의 노래 속 화자들은 마치 삿대질하듯 분노의 화염을 뿜어댔다. 이렇게 삶을 망가뜨린 사회에 성을 내지 않는 게 도리어 이상할 정도였다고 할까. 다 죽어버리고, 거짓말의 현실을 박살내고, 세상을 뒤집어엎고 싶은 폭도의 심정이 따로 없었다.

펄펄 끓는 젊은 피가 거꾸로 솟을 적에 /
추르게 날이 선 칼끝에는 검광이 빛난다 /

"크라잉 넛의 「말 달리자」는 가사의 혁명, 형식의 파괴, 놀라운 대중성까지 갖추었다.
이 노래는 대중의 잠재된 욕망을 표출해준 모두의 응원가이다."

고민석

그 얼마나 기다려 왔던가 세상을 뒤집어엎을 날을 /
그날 밤은 바로 오늘밤 영광 아니면 죽음뿐이다 /
아 그날이 언제이더냐 이를 갈며 기다린 날이 /
아 드디어 때는 왔노라 이 검을 휘두를 날이

아티스트 l 노브레인
곡명 l 「청년폭도맹진가」
앨범 l 「청년폭도맹진가」
발매 연도 l 2000

크라잉 넛과 함께 초기 대표적 펑크 밴드로 꼽히며 나중 2006년 이준익 감독의 영화 「라디오스타」에서 「난 네게 반했어」란 노래로 스타 밴드가 된 노브레인의 노는 'No'가 아니라 '努'였다. 그러고 보면 당시 초창기 펑크 및 얼터너티브 록 밴드들은 작명도 '삼청교육대' '불타는화양리쇼바를올려라' '도로시' '황신혜밴드' '어어부밴드' '언니네 이발관' '은희의 노을' '허클베리 핀' 등등으로 파격적이었다. 역설적 해학이 깃든 이름들이었지만 삼청교육대의 음악에는 욕설이 난무했고 어어부밴드의 음악은 술주정에 구토하는 듯한 처절한 페이소스로 가득했다. 그들에게 IMF는 국제통화기금의 이니셜보다는 자학조의 'I'M Fucked up(난 날 샜다!)'의 약자라는 편이 더 실감 나는 의미로 받아들여졌을 것이다.

IMF 사태가 터진 후 2년이 지난 2000년, 정부는 고성장, 저물가, 경상수지 흑자를 기조로 잡으면서 공식적으로 환란을 극복했다고 발표했지만 그 후로도 오랫동안 청년들 영혼을 잠식한 미래에 대한 불안과 마음속의 상처는 쉬 가라앉지 않았다.

매일이 싫어서 내일을 찾았어 / 다를 게 없는 일상을 피해서 /
주머니 속에 있는 워크맨을 키우고 /
주머니 속에 있는 버블검을 씹어 /
그곳이 싫어서 별 수 없어서 / 모두가 싫어서 얼굴들 씹었어

아티스트 ˙ 은희의 노을
곡명 ˙ 「버블 라이프」
앨범 ˙ 「노을 팝」
발매 연도 ˙ 2000

글처럼 이 세상은 아름답다면 왜 많은 사람들이 이래야 하나 /
그래서 오늘 나는 아직 여전히 /
이처럼 빈둥거리네 이처럼 혼란스럽네 /
나뭇잎 맥을 잃은 어느 가을날 /
남자의 마누라가 집을 나갔네 /
남자는 그날부터 소주 대신에 침묵을 마시며 사네

아티스트 ˙ 어어부 밴드
곡명 ˙ 「아름다운 세상에 어느 가족 줄거리」
앨범 ˙ 「손익분기점」
발매 연도 ˙ 1997

　이러한 인디 밴드들의 분발은 '석기시대' '드럭' '강아지문화예술' '스컹크' '카바레 사운드' '문화사기단' '라디오뮤직' '마스터플랜' 등 저예산 독립음반사, 이른바 인디 레이블들이 줄줄이 쏟아져 나오면서 가능했다. 주류의 레코드사들이 상업적 가능성이 검증되지 않은 이런 날것 같은 인디 밴드들과 음반 계약을 체결하기는 만무했다. 이 또한 영국의 IMF 시절 '러프 트레이드' '팩토리 레코즈' '패스트 프로덕트' '버진' '스티프' '그래듀에이트 레코즈' 등 소규모에다 공동체를 강조한 인디 레이블이 창궐

했던 것과 상당히 닮아 있었다.

하지만 한국의 인디가 1970년대 중후반의 영국으로 시곗바늘을 돌린 것은 아니었다. 당시에는 펑크의 1990년대 버전인 얼터너티브 록이 너바나와 펄 잼Pearl Jam이라는 아이콘을 만나 음반 매장을 싹쓸이하고 있었고 마침내 오리지널 펑크도 대중성이라는 당의糖衣를 입은 팝 펑크—예를 들면 그린 데이Green Day 같은 밴드—로 재현되어 차트 상위를 독점하듯 누비고 있었다.

안 될 것 같은 펑크가 한국에도 깃대를 꽂을 분위기가 영글었다. 펑크는 끝내 한국에 상륙하는 데 성공했다. 크라잉 넛과 노브레인은 자신들의 음악을 '조선 펑크'로 일컬었다. 하지만 이러한 그림은 인디의 흐름을 전혀 인지하지 못한 사람들, 주류 매체에서 나오는 음악만을 아는 소비자들에게는 너무나 생경한 것이었다.

당시 한국의 주류는 H.O.T, 젝스키스, SES, 핑클, 클릭비, 태사자 등 아이돌 그룹을 육성하는 SM(이수만), DSP(이호연), JYP(박진영) 같은 기획사가 잡고 있었고, 이들은 대형화의 길을 달려가면서 더욱더 자본 집중의 양상을 연출했다. 주류의 대중음악이 흔히 그렇듯 이들의 음악은 「전사의 후예」나 「학원별곡」 같은 답답한 교실의 아이들을 다룬 초기의 몇몇 곡을 제외하곤 대부분 경제 실정과 무관했다.

반면 홍대 신촌의 인디 신scene의 키드들은 추락한 경제에 신음하는 청년 세대들의 방황과 불안을 외면하지 않았다. 결과적으로 상업적 주류와 반항적 인디라는 상극의 구도가 형성되었다. 이러한 극명한 대조, 조금은 대치적인 양상은 IMF를 거쳐

2000년대가 어느덧 15년 가까이 흐른 지금도 계속되고 있다.

chapter 9

"일단 일을 구한 다음 때려치워"

Bruce Springsteen

Johnny Paycheck

아메리칸 드림이라는 헛것

미시시피 투펠로 출신의 남부 촌놈에 지독한 가난뱅이였던 엘비스 프레슬리가 국민 가수로 등극하며 모든 이의 부러움을 사는 갑부가 되자 그의 고향인 미시시피 의회는 1959년 그를 수천만 미국들에게 살아 있는 레전드이자 영감을 준 인물로 칭송하자는 결의안을 채택했다. "그는 개인적 창의initiative를 발휘하며 열심히 일하고hard work 자신과 창조자에 대한 경배faith in one's self and his creator를 지킨다면 얼마든지 성공할 수 있다는 미국적 사고를 재확인해준 인물이다!" 바로 이것이 미국으로 건너 온 수많은 이민자들을 지탱해온 신념이다. 신앙심을 바탕으로 창의적이고 열심히만 한다면 누구나 부자가 되고 행복하게 잘살 수 있으리라는 희망 말이다. "미국으로 가라! 무슨 일이든 노력하면 성공할 것이다!" 이것이 바로 아메리칸 드림이라는 이름의 드높은 이상이었다. 1960년대의 미국은 이러한 이상을 현실로 만들며 폭주 기관차처럼 달려갔다.

BRUCE SPRINGSTE

미국은 세계를 이끌어가는 경제 대국으로 성장했고 미국인들은 세계 최고라는 긍지와 자부심으로 충만했으며 유럽은 물론 엄청난 수의 아시아, 중동, 중남미 사람들이 아메리칸 드림을 꿈꾸며 미국으로 건너갔다. 하지만 1970년대 들어 아메리칸 드림의 신화는 장기간의 스태그플레이션을 겪으며 금이 가기 시작했다. 바로 이때 노동계급과 하층민은 엘비스 프레슬리와 비틀스와 같은 극소수의 예외를 제외하곤 '아무리 열심히 일하고 창의를 발휘해도' 부자가 되기는 사실상 불가능하다는 것을 비로소 깨달았다.

하층민들은 경제적 평등은 말할 것도 없고 사회적 평등도 실현이 요원하며 그들의 영향력을 키우기도 어렵다는 사실을, 그저 하루하루 살아가기 바쁘다는 것을 비로소 절감하기에 이르렀다. '현실과 따로 논' 디스코 풍조가 일각에서 엄청난 비판을 받았던 이유도 그것은 '스타들의 잔치이지 하층계급의 신분 상승과는 아무런 관계가 없다'라는 인식 때문이었다.

1970년대 중후반 디스코가 봄날을 호령하며 펄펄 날던 때, 전혀 다른 기조의 고통스러운 메시지의 노래들이 잇따라 등장했다. 아메리칸 드림 품기가 아닌 '미몽에서 헤어나기'를 주문하는 성격의 노래라고 할까. 이런 노래를 부른 뮤지션들은 1950~60년대에 미국을 지탱한 국민윤리, 즉 자유에 기초한 번영과 성공 그리고 노력에 따른 계층 이동이 '지금 보니 헛된 꿈'이라는 사실을 직시하고 이를 설파했다. 그 대표적인 가수가 브루스 스프링스틴Bruce Springsteen이었다.

낮에 우리는 빗나간 아메리칸 드림의 거리에서 땀을 흘리지 /

밤에는 자살 기계를 타고 영광의 저택들을 뚫고 달려 나가지 /
새장에서 뛰쳐나와 9번 고속도로를 타는 거야
In the day we sweat it out on the streets of a runaway American dream /
At night we ride through the mansions of glory in suicide machines /
Sprung from cages out on highway 9

아티스트 ︱ 브루스 스프링스틴Bruce Springsteen
곡명 ︱ 「달아나기 위해 태어나Born to Run」
앨범 ︱ 『달아나기 위해 태어나』
발매 연도 ︱ 1975

　　브루스 스프링스틴은 등장하자마자 한 평론가에게 '로큰롤
의 미래'로 칭송받았으며 신인인데도 그해 시사주간지 『타임』과
『뉴스위크』의 표지 인물로 등장했다. 당시 스태그플레이션 아
래, 미국이 그간 지켜온 아메리칸 드림을 잃어가고 있다는 그
의 뼈아픈 충고를 귀담아들을 필요가 있었기 때문이 아닐까.
그는 이후로 '록계의 왕초The boss' 또는 '노동자의 대변인'이라는
위대한 이름으로 통했고 통속적 사랑 노래와 작별한 그의 리얼
리즘은 1980~90년대는 물론 새천년을 10년 이상 넘긴 지금까
지 계속되고 있다.

　　정말 그의 말대로 노동자의 삶은 아메리칸 드림과는 거리가
멀었다. 그것은 거짓말이었다. 노동자와 서민 들은 아무리 열
심히 일해도 생활은 더욱 비참해지고 더욱 빈곤해지는 가운
데 사랑과 가정도 지키기 어렵다는 위기와 절망감에 사로잡혔
다. 1975년에 같은 제목을 단 앨범 『달아나기 위해 태어나』에
서 브루스 스프링스틴이 외친 통렬한 주문은 "등뼈를 뜯어내는
이 도시를 빠져나가 멀리 달아나라Baby, this town rips the bones from
your back (……) We gotta get out"라는 것이었다.

브루스 스프링스틴은 등장하자마자 한 평론가에게 '로큰롤의 미래'로 칭송받았다.
당시 스태그플레이션 아래, 미국이 그간 지켜온 아메리칸 드림을 잃어가고 있다는
그의 뼈아픈 충고를 귀담아들을 필요가 있었기 때문이 아닐까.

1978년 미국 컨트리 차트 1위를 차지하며 적어도 컨트리 음악계에선 공전의 히트를 친 전설의 조니 페이첵Johnny Paycheck의 노래도 마찬가지다. 이 곡은 당시의 열악한 고용 환경을 단숨에 일러주는 가슴 후련한 제목 하나—'일을 구한 다음 때려치워Take This Job and Shove It'—만으로도 역사에 길이길이 남는다. 오랫동안 그리고 열심히 일해봤자 동료를 잃고 아내도 떠나고 적절한 보상은커녕 희망이란 조금만치도 찾을 수 없는 노동자의 절규 속에서 작업 환경에 대한 한과 분노가 구구절절하다. 어찌 이를 아메리칸 드림이라고 할 수 있겠는가.

일단 일을 구한 다음 때려치워 / 난 더 이상 여기서 일하지 않아 /
아내는 도망갔어 / 일할 이유가 하나도 없어 /
이 회사 문을 박차고 나가는 내 길을 막으려고 하지 않는 게 좋을걸 /
일단 일을 구한 다음 때려치워 / 난 더 이상 여기서 일하지 않아 /
사실 15년 동안이나 이 공장에서 일해왔거든 /
내내 봐온 건 아내가 눈물의 강에 빠져 있는 모습이었지 /
또 많은 동료들이 갚아야 할 돈 때문에 죽어가는 모습하고 /
내가 정말 이렇게 말할 배짱이 있다면 내 모든 걸 다 주지 /
일을 구한 다음 때려치우라고 말이야
Take this job and shove it / I ain't working here no more /
My woman done left / And took all the reasons / I was working for /
You better not try to stand in my way / As I'm walking out the door /
Take this job and shove it / I ain't working here no more /
I've been working in this factory / For nigh on fifteen years /
All this time I watched my woman / Drowning in a pool of tears /
And I've seen a lot of good folks die / That had a lot of bills to pay /
I'd give the shirt right off my back / If I had the guts to say /
Take this job and shove it

아티스트 ∣ 조니 페이첵Johnny Paycheck
곡명 ∣ 「일을 구한 다음 때려치워Take This Job and Shove It」
앨범 ∣ 「일을 구한 다음 때려치워」
발매 연도 ∣ 1977

가수로서 예명을 '월급'이란 뜻의 페이첵Paycheck이라고 한 것
도 흥미롭다. 그는 보수적인 풍토의 컨트리 음악계에서 "나한
테 무법자Outlaw는 당신들이 좋아하든 그렇지 않든 간에 자기
길을 가는 사람이다. 난 내 길을 간다!"라며 반항을 자처한 인
물이다. 그러니 이렇게 쓰디쓴 현실을 통탄한 노래를 부르게 된
것이다. 이 곡은 당대 미국 경기침체로 인한 작업 환경 악화라
는 시의성 덕분에 히트했다.

2013년 미국의 경제 전문 케이블방송국 CNBC가 고용 문제
를 다루면서 배경음악으로 깔았을 만큼 이 노래는 미국에서는
지금도 소구력을 발휘한다. 정반대 뜻인 "일을 구한 다음 사랑
하라Take This Job and Love It"도 덩달아 캐치프레이즈로 널리 쓰일
정도다.

그런데 눈길을 끄는 것은 CNBC 보도에서 조니 페이첵의 노
래가 나온 1978년을 고용 환경이 좋았던 시절로 묘사했다는 점
이다. 아마도 '일을 구한 다음 때려치운다!'라는 것을 그나마 여
유가 있기에 가능한 구직 행태로 판단한 모양이다. 2007년 금
융위기 이후 현재까지 미국의 고용 상황이 얼마나 악화일로를
겪고 있는지를 역으로 파악할 수 있는 대목이다. 지금은 좋고
싫고를 따질 수 없는, 일자리라면 무조건 OK인 때 아닌가. 가
슴 아프게도 "일을 구한 다음 사랑하라!"를 받아들여야 한다는
점에서 지금의 청춘은 불안하고 서글프다.

"비치 보이스 때의 캘리포니아 잔치는 끝났다!"
이글스의 아메리칸 나이트메어

1970년대에 쏟아져 나온 무수한 팝의 명작 가운데 단연 첫 손에 꼽히는 곡이 미국 밴드 이글스가 1976년에 발표한 「호텔 캘리포니아」다. 이글스조차도 이런 걸작을 스스로 만들어냈다는 것이 믿기지 않아서 "오 마이 갓! 정녕 우리가 이 곡을 만들었나이까?" 하고 경탄하며 멤버들도 선뜻 싱글로 내놓지 못하고 관망했다는 뒷얘기를 전한다. 이 곡은 먼저 싱글로 낸 「신 참내기New Kid in Town」가 1위에 오르자 비로소 자신감을 얻어 두 번째로 선을 뵈게 된다.

「호텔 캘리포니아」는 나온 지 40년 가까운 세월이 흘렀지만 지금도 팝의 모든 것을 갖추고 있다는 격찬을 받는다. 라틴과 레게의 느낌이 흐르는 친화력 만점의 멜로디와 연주, 대서사시 같은 장대한 진행, 의미심장한 노랫말 그리고 후반부에 기타리스트 조 월시와 돈 헨리가 주고받는 탁월한 하모니의 기타 연주 등 실로 모든 부분이 압권이다. '윤도현 밴드'를 거친 기타리스트 유병열은 "모든 기타 연주자들이 카피하고 열심히 따라한, 지금 기준에서도 완벽한 팝송!"이라고 극찬한다.

낭만적인 톤이 지배적이라서 미국인들에게 사랑받은 것은 물론 캘리포니아와 미국에 대한 동경과 선망을 자극하며 무수한 타국인들을 미국 땅으로 불러들인 곡이지만 곡에 저류하는 메시지는 그것과 전혀 다른, 한마디로 문제작이다. 노랫말 내용을 두고 엄청난 논란이 야기되었다. 하지만 이것만은 분명하다. 이 노래가 담고 있는 것은, 캘리포니아와 그 상징인 미국의 실상은 그런 낭만적 환상과는 동떨어져 있다는 일종의 뼈아픈 고백과 준엄한 경고라는 사실이다. 아메리칸 드림의 허상에 대한 고도의 비유라고 할까.

미국에서는 열심히 일하면 누구나 성공할 수 있다는 아메리칸 드림은 이미 끝났으며 허울뿐인 아메리칸 드림에 빠져 타국인들이 미국으로, 캘리포니아로 들어오는 현실을 도무지 이해할 수 없다는 것이다. "이제 비치 보이스 때의 캘리포니아 잔치는 끝났다!" 행간에 흐르는 의미는 낭만의 대척점에 위치한 무기력과 암울함이다.

캘리포니아 호텔에 온 걸 환영해 / 너무나 사랑스럽고 환상적인 곳이지 /
캘리포니아 호텔엔 방이 많아 / 1년 내내 아무 때나 방이 있어 /
그녀는 티파니에 혹해 있고 벤츠를 타고 다녀 /
그녀가 친구라고 부르는 예쁘장한 소년들도 많고 /
그들은 뜰에서 춤을 추더군, 달콤한 여름의 땀에 젖어 /
어떤 춤은 기억하기 위해 어떤 춤은 잊기 위해 /
지배인을 불러서 "와인 한 잔 달라"라고 했더니 /
그가 말하길 "1969년 이후로 여기서는 술은 취급 안 한다"는 거야 /
그 목소리는 아직도 저 멀리서 부르는 것 같아 /
그 소리에 당신은 한밤중에 깨어나지 / 그들이 말하는 걸 들으려고 /
캘리포니아 호텔에 온 걸 환영해 / 너무나 사랑스럽고 환상적인 곳이지 /
그들은 호텔 캘리포니아에서 인생을 즐겨 / 정말 놀라워 /
당신도 핑곗거리를 가지고 와
Welcome to the Hotel California / Such a lovely place / Such a lovely face /
Plenty of room at the Hotel California / Any time of year / You can find it here /
Her mind is Tiffany-twisted, she got the Mercedes Benz /
She got a lot of pretty, pretty boys she calls friends /
How they dance in the courtyard, sweet summer sweat /
Some dance to remember, some dance to forget /

So I called up the Captain, "Please bring me my wine." /
He said, "We haven't had that spirit here since nineteen sixty nine." /
And still those voices are calling from far away /
Wake you up in the middle of the night / Just to hear them say… /
Welcome to the Hotel California / Such a lovely place / Such a lovely face /
They livin' it up at the Hotel California / What a nice surprise /
Bring your alibis

아티스트 ㅣ 이글스Eagles
곡명 ㅣ「호텔 캘리포니아Hotel California」
앨범 ㅣ『데스페라도Desperado』
발매 연도 ㅣ 1972

　　여기까지도 충분히 다의적이지만 아래 마지막 구절은 작자의 의도를 놓고 사람들마다 별의별 다양한 풀이를 내놓았던 대목이다. 복음주의자들은 사탄 숭배의 일단이라고 이글스를 맹비난했고 어떤 사람은 약물중독을 암시한다는 해석을 내놓았으며 누구는 이도 저도 아닌 당대의 미국식 쾌락에 대한 묘사라고 추측하기도 했다. 탐욕적인 음반 산업에 대한 이글스의 논평이라는 해석은 이글스도 인정하는 부분이다.

　　하지만 모든 것을 떠나서 1960년대와 눈에 띄게 달라진 환경을 살아간 당대의 미국인들 가운데 부푼 꿈을 안고 미국에 들어온 이민자들은 대단원의 가사에 상당히 공감한다. 다음과 같이 말하는 사람이 어디 한둘인가. "미국이 좋아 들어왔지만 일단 발을 담그면 질질 매달려 살게 되지. 자유의 나라니까 언제든 되돌아갈 수 있다고는 하지. 그러나 실제론 절대 미국 땅을 못 떠나!"

천장에는 거울이 있고 / 얼음을 띄운 핑크빛 샴페인 /

그녀는 말했어 "우린 모두 스스로 만든 도구의 노예들일 따름이야"라고 /
주인 방에 만찬을 위해 모였지 / 그들은 날카로운 칼로 마구 찔러대지만 /
결코 그 짐승을 죽이지는 못하네 /
마지막으로 기억하는 건 출구로 달려갔다는 거야 /
내가 원래 있던 곳으로 돌아가려면 입구를 찾아야 했어 /
진정하라고 경비원이 말했어 / "우리는 손님을 받기만 합니다 /
원하면 언제든 체크아웃은 할 수 있지만 / 절대 여기를 떠나지는 못합니다"

Mirrors on the ceiling / The pink champagne on ice /
And she said "We are all just prisoners here, of our own device" /
And in the master's chambers / They gathered for the feast /
They stab it with their steely knives / But they just can't kill the beast /
Last thing I remember, I was / Running for the door /
I had to find the passage back / To the place I was before /
"Relax," said the night man / "We are programmed to receive /
You can check-out any time you like / But you can never leave"

곡을 만든 돈 헨리의 설명을 들어볼 필요가 있다. 그는 '호텔 캘리포니아'가 일어난 일들에 대한 자신들의 반응을 담았다고 하면서 방점을 찍듯 이렇게 말했다.

"호텔은 그 자체로 은유일 수 있다. 남부 캘리포니아의 전설 만들기뿐 아니라 아메리칸 드림이라는 전설 자체에 대한 은유 다. 왜냐하면 아메리칸 드림과 아메리칸 나이트메어는 종이 한 장 차이일 수 있기 때문이다."

흑인들이 디스코와 함께 쾌락으로 밤을 지새우며 경기침체 의 시대를 농락하고 있을 때 이렇듯 일각의 백인들은 헛것이 돼버린 아메리칸 드림의 실상을 직시하고 있었다.

chapter 10

"돈은 모든 것을 바꾸지"

Madonna
Pet Shop Boys

레이건과 대처의 시대,
황금만능 풍조를 낳다

1980년 예상을 깨고 민주당 지미 카터 대통령과의 대선에서 승리한 로널드 레이건Ronald Reagan, 재임 1981~89은 높은 인플레이션과 물가상승이라는 어려운 경제 상황에서 대통령 자리에 올랐다. 이 시기는 소련의 아프가니스탄 침공과 그에 따른 미국의 모스크바 올림픽 불참 선언 등 정치적으로도 혼란스러웠을 뿐 아니라 동시에 경제적으로도 심각한 불황기였다. 정치적으로 보수 세력인 레이건 행정부의 경제 관료들은 이러한 경기후퇴가 한마디로 정부가 너무 거대하기 때문이라고 봤다.

레이건은 경제적 보수주의자답게 '작은 정부'를 지향했다. 이것은 자유방임 경제로의 복귀이자, 이른바 노동 의욕 고취와 기업의 이윤 추구를 최대한 보장하는 공급 중시 경제학으로 표출되었다. 핵심은 기업이 잘 돌아가도록 하기 위해 각종 규제를 풀고 무엇보다도 세금을 인하하는 데 있었다. 레이건 정부는 국가가 세금을 덜 걷으면 기업의 투자가 활성화될 것이라고 보고

MADONNA

세금을 3년 동안 매년 10퍼센트씩 삭감해 총 30퍼센트의 소득세를 줄이겠다는 획기적인 방안을 내놓았다.

이명박 정부도 박근혜 정부도 마찬가지이지만 '감세냐, 증세냐?'는 역사적으로 경제 정책의 오랜 논란거리다. 취임 직후인 1981년 2월 새 레이건 정부가 발표한 감세 정책을 비롯한 정부 예산과 지출 삭감, 긴축통화 등의 경기회복 계획을 가리켜 언론은 레이거노믹스Reaganomics라고 불렀다.

레이거노믹스는 곧 효과를 발휘했다. 멈출 기세가 보이지 않던 인플레이션이 잡혔고 소비자의 지출도 늘어나면서 1984년 들어서는 물가 상승세가 눈에 띄게 약화되었다. 미국 경제는 호황 국면을 맞이하기 시작했다.

하지만 레이거노믹스는 영국의 대처리즘과 마찬가지로 이윤의 추구를 경제 정책의 최우선으로 두었고, 이는 국민들에게 돈이 최고라는 심리적 주문을 더욱 강하게 걸게 되었다. 황금만능 풍조가 판을 친 것이다. 1980년대 전체를 관통한 이러한 도덕의 추락을 대중음악이 놓칠 리 없었다. 레이거노믹스가 한창 위용을 떨치던 1980년대 초중반에는 '돈'을 주제로 한 노래들이 유난히도 많이 등장했다. 먼저 세태 풍자에 뛰어난 기지를 발휘한 싱어송라이터 랜디 뉴먼이 1979년에 발표한 대담한 가사의 노래 「내가 사랑하는 것은 돈이야It's Money That I Love」를 보자.

난 산을 사랑하지 않아 / 난 바다를 사랑하지 않아 /
그리고 예수도 사랑하지 않아 / 예수는 나한테 해주는 게 전혀 없어 /
난 내 누이처럼 예쁘지도 않고 / 아버지처럼 현명하지도 않아 /
엄마처럼 착하지도 않지 / 내가 사랑하는 것은 돈이야 /

내가 사랑하는 것은 돈이라고 /
흔히들 이 세상에서 돈으로 사랑을 살 수 없다고들 하지 /
그렇지만 말이야 돈으로 마약 반 파운드를 살 수 있어 /
열여섯 살짜리 여자도 얻을 수 있고 /
그리고 엄청 크고 긴 리무진을 탈 수도 있다고

I don't love the mountains / And I don't love the sea / And I don't love Jesus /
He never done a thing for me / I ain't pretty like my sister /
Or smart like my dad / Or good like my mama / It's money that I love /
It's money that I love / They say that's money / Can't buy love in this world /
But it'll get you a half-pound of cocaine / And a sixteen-year old girl /
And a great big long limousine

아티스트 ┃ 랜디 뉴먼Randy Newman
곡명 ┃ 「내가 사랑하는 것은 돈이야It's Money That I Love」
앨범 ┃ 「다시 태어나Born Again」
발매 연도 ┃ 1979

돈을 사랑한다는 고백을 넘어 오로지 돈만을 밝히고 돈이면 다 된다는 당대의 배금拜金 세태를 통렬히 보여준다. 1980년대 팝 음악계에서 여권女權 돌풍을 일으킨 팝가수인 신디 로퍼와 마돈나가 각각 1985년과 1986년에 히트시킨 기념비적인 두 팝송을 보자. 이 곡들 역시 돈에 대한 찬가가 아니라 황금만능 풍조를 비아냥대는 내용이다.

그녀는 말했지 "미안해 오늘밤 너랑 헤어질 거야 /
새 남자가 생겼고 그 사람이 차에서 기다리고 있어"라고 /
아니 어떻게 이럴 수가 있어? / 우린 서로 영원한 사랑을 약속했잖아 /
그녀는 답했어 "그래 그랬지. 알지만 우리가 약속했을 때 /
우리가 진짜 생각하지 않은 게 하나 있었어. 그건 돈이야" /
돈은 모든 걸 바꾸지

She said I'm sorry baby I'm leaving you tonight /
I found someone new he's waitin' in the car outside /
Ah honey how could you do it / We swore each other everlasting love /
She said well yeah I know but when /
We did — there was one thing we weren't /
Really thinking of and that's money / Money changes everything

아티스트 ┃ 신디 로퍼Cindy Lauper
곡명 ┃「돈은 모든 걸 바꾸지Money Changes Everything」
앨범 ┃「그녀는 정말 특별해She's So Unusual」
발매 연도 ┃ 1983

1985년에 이 곡은 빌보드 27위에 그쳤지만 신디 로퍼의 라이벌이었던 마돈나의 곡 「물질적인 여자Material Girl」는 차트 2위에 오르는 스매시 히트를 기록했다. 가사가 전하는 메시지는 신디의 것보다 더 강도가 세다. 돈이 남녀관계를 바꾸는 정도가 아니라 돈이 없다면 아예 남녀의 애정은 불가능하다고 주장한다. 이러한 메시지를 극대화하기 위해서 마돈나는 이 곡의 뮤직비디오에서 저 옛날 1953년 작 영화 「신사는 금발을 좋아해」에서 「다이아몬드는 여자의 베스트 프렌드Diamonds Are a Girl's Best Friend」를 노래하는 메릴린 먼로의 모습을 빌려 왔다. 사실 마돈나는 당시 메릴린 먼로의 의상과 헤어, 제스처를 판박이하는, 요즘 말로 '코스프레'를 하고 있었다.

어떤 남자들은 나한테 키스하고 어떤 남자들은 날 껴안지 /
다 괜찮아 / 하지만 걔들이 적당한 돈을 주지 않으면 / 난 그냥 가버려 /
애걸해도 좋고 간청해도 좋아 /
하지만 걔들은 깨닫지 못해 그래도 괜찮아 /
왜냐면 빳빳한 현찰을 가진 남자만이 내 사랑을 가질 수 있으니까

"마돈나의 「물질적인 여자」는 돈과 사랑에 있어서 막가는 애들 천지였던
레이건·대처 시대를 향한 신랄한 풍자를 담았다."
리키 루크스비

왜냐면 우리는 물질적인 세상에 살고 있기 때문이야 /
그래 난 물질적인 여자야 / 알잖아 물질적인 세상에 살고 있으니까 /
난 물질적인 여자야

Some boys kiss me, some boys hug me / I think they're okay /
If they don't give me proper credit / I just walk away /
They can beg and they can plead /
But they can't see the light, that's right, that's right /
'Cause the boy with the cold hard cash / Is always Mister Right /
'Cause we are living in a material world / And I am a material girl /
You know that we are living in a material world / And I am a material girl

아티스트 ㅣ 마돈나Madonna
곡명 ㅣ 「물질적인 여자Material Girl」
앨범 ㅣ 「라이크 어 버진Like a Virgin」
발매 연도 ㅣ 1984

당대 유행을 주도하던 신시사이저 사운드에 실려서인지 자신이 속물임을 대놓고 자랑하는 메시지가 한층 생생하고 실감 나게 들린다. 하지만 이 곡을 두고 마돈나는 당시 스타덤에 굶주려 있던 자신의 처지를 작사가들이 담아준 것은 사실이지만 그렇다고 자신이 이 노래에 표현된 것 같은 물질주의자는 결코 아니라고 강변했다. 시대가 낳은 풍조를 역설적으로 표현한 사회적 메시지를 담은 노래라는 것이다. 음악 저술가 리키 루크스비Rikky Rooksby도 마돈나의 음악을 분석한 책에서 이 노래를 "돈과 사랑에 있어서 막가는 애들 천지였던 레이건·대처 시대를 향한 신랄한 풍자"라고 표현한 바 있다.

레이건·대처 시대의 고단한 젊음들
펫 샵 보이즈와 다이어 스트레이츠

거의 비슷한 시기에 정권을 잡은 마거릿 대처Margaret Thatcher, 재임 1979~90의 영국 경제 또한 미국과 다를 게 없었다. IMF 외환위기를 벗어났다고 해도 서민들은 여전히 불황에 허덕이고 있었고 이전 노동당 정권의 사회주의적 분배 중심 정책으로 '영국병'이 도처에 퍼져 있었다. 영국병의 핵심은 저低생산성에 있었다.

대처 수상은 독버섯처럼 번진 영국병의 산물인 이 저생산성 구조를 혁파하기 위해 '공기업 민영화'라는 강력한 조치를 취했다. 국가가 컨트롤 했던 기업들인 '영국 항공' '영국 통신' '브리티시 레이랜드British Leyland 자동차' '영국 철강' 등을 잇따라 매각했다. 이것은 이를테면 공기업을 국가가 운영하기 어렵게 됐으니 알아서 자립하라는, 이른바 적자생존을 강요한 것이다.

민간의 자율적인 경제 활동을 장려하는, 이전의 노동당 정부와는 선을 긋는 자유주의 경제의 접근이었다. 이러니 노조가 쌍심지를 켜고 반대할 수밖에 없었다. 대처는 노조와의 대결에서 강경 대응으로 일관했고 여기서 승리했다. 소련은 대처에게 피도 눈물도 없는 강한 여자라는 뜻에서 '철의 여인'이란 별명을 붙였다.

이 과정에서 대규모 실업은 불가피했다. 1981년 초 150만 명이었던 실업자가 그해 말 200만 명으로 늘어났고 1982년에는 50년 만에 최고인 300만 명으로 폭증했다. 2년 새 배로 불어난 것이다. 이러한 희생에도 불구하고 대처 보수당 정부는 비효율적인 기업은 과감하게 쳐나갔다.

경제는 서서히 되살아났다. 1982년에는 18퍼센트였던 인플레이션이 8.6퍼센트로 떨어졌고 이듬해에는 1970년 이후 최고 낮은 수치인 7.8퍼센트로 내려갔다. 실업자의 경우 집권 5년째인 1984년에는 330만 명이었다가 1989년에는 160만 명으로 눈에 띄게 줄었다. 국내총생산은 초기 5.9퍼센트 마이너스를 기록했다가 1985년을 기점으로 반등한 뒤 1988년에 가서는 5퍼센트 상승했다. 경제 기적이나 다름없었다. 대처 정부는 제조업 부흥에 힘을 쏟기보다 런던을 월스트리트 같은 유럽 제일의 금융도시, 이른바 '시티City'로 육성해 금융업의 부흥을 일궈냈다.

바로 여기서 대처리즘도 형제 국가 미국의 레이거노믹스와 같은 역기능을 드러냈다. 돈이면 최고라는 인식이 확산되면서 배금 풍조가 만연해진 것이다. 소득의 양극화가 심화되면서 여유 있는 사람들은 과시적인 소비에 열을 올렸다. 또한 상층 지향적인 여피Yuppie들이 늘어나면서 개인주의 또한 걷잡을 수 없이 번져나갔다.

신시사이저에 의한 팝, 흔히 말하는 신스팝의 전설인 2인조 그룹 펫 샵 보이즈Pet Shop Boys는 이러한 흐름을 비꼬는 음악으로 이름을 날렸다. 1984년에 발표되어 영국과 미국에서 모두 차트 정상을 차지한 명곡 「웨스트엔드 여자West End Girls」는 실업자가 양산되고 빈부 격차가 더 벌어지면서 계급 갈등이 깊어진 런던에 대한 서글프고도 조소에 찬 스케치다.

펫 샵 보이즈는 T.S. 엘리엇의 유명한 시 「황무지」에서 이 곡의 영감을 받았다고 밝힌 바 있다. 그들의 눈에 당시 런던은 황무지나 다름없었던 것이다. 펫 샵 보이즈가 2012년 런던올림픽 폐막식에서 조금은 반反런던적인 메시지를 담고 있는 이 곡을 노래할 때 '이런 노래를 해도 되나?' 하고 의아해했던 기억이 난다.

가끔 넌 죽는 게 차라리 나아 /
손에는 총이 있고 그 총은 네 머리를 겨냥하고 있지 /
넌 스스로 미쳤다고 너무 불안정하다고 생각하지 /
웨스트엔드 동네의 레스토랑에서 /
의자를 박차고 테이블을 넘어뜨리니 말이야 /
경찰을 불러 저기 미친놈이 있다고 /
웨스트엔드 동네에서 한 허름한 술집으로 도망친 놈이 있다고 /
웨스트엔드 동네에서, 거긴 막다른 세상이지 /
이스트엔드 남자와 웨스트엔드 여자
Sometimes you're better off dead /
There's gun in your hand and it's pointing at your head /
You think you're mad, too unstable /
Kicking in chairs and knocking down tables /

In a restaurant in a West End town /
Call the police, there's a madman around /
Running down underground to a dive bar / In a West End town /
In a West End town, a dead end world /
The East End boys and West End girls

아티스트 ┃ 펫 샵 보이즈Pet Shop Boys
곡명 ┃「웨스트엔드 여자West End Girls」
앨범 ┃『제발Please』
발매 연도 ┃ 1986

웨스트엔드는 런던의 부자 구역을 가리키고 반대로 이스트엔드는 하층민이 몰려 사는 동네다. 웨스트엔드의 부잣집 여자와 폭력에 쉽게 노출된 이스트엔드의 가난한 남자를 대비해 심각한 도시 내 계급 갈등을 부각한 것이다. '차라리 죽는 게 더 나은' 이스트엔드 남자는 다름 아닌 그 시절 도시를 가득 메운 실업자의 초상이다.

그들 특유의 빈정거림은 데뷔 앨범 『제발Please』에 수록된 '떼돈을 벌자Let's Make Lots of Money'라는 부제를 달고 있는 「기회Opportunities」에서 한층 신랄하다. 대처리즘 탓에 팽배한 과시적 소비 행태와 성공에 목을 매게 된 인간들을 도마 위에 올려놓고 그 사람들을 이렇게 만든 시대를 풍자하고 있는 것이다.

난 머리가 있고 넌 외모가 있으니 / 같이 떼돈을 벌어보자구 /
넌 힘이 있고 난 머리를 가졌으니 / 같이 떼돈을 법시다 /
난 계획도 많고 데리고 노는 멍청한 애들도 많아 /
내 차는 밖에 주차해놓았어 / 고장이 났는지 걱정되는군 /
난 파트너를 찾고 있어 / 이 문제를 해결할 사람을 /
스스로 이 질문을 던져봐 / 부자가 되고 싶은지 /

PET SHOP BOYS

WEST END GIRLS

펫 샵 보이즈는 T.S. 엘리엇의 유명한 시 「황무지」에서 이 곡의 영감을 받았다고 밝힌 바 있다.
그들의 눈에 당시 런던은 황무지나 다름없었던 것이다.

난 머리가 있고 넌 외모가 있으니 / 같이 떼돈을 벌어보자구 /
넌 힘이 있고 난 머리를 가졌으니 / 같이 떼돈을 벌어봅시다 /
난 배웠지, 소르본 대학에서 공부했으니까 / 수학 박사학위를 땄고 /
대학교수도 될 수 있었어 / 컴퓨터 프로그램도 짤 수 있고 /
타이밍도 잘 골라 / 너만 생각 있다면 난 범행을 저질러

I've got the brains, you've got the looks / Let's make lots of money /
You've got the brawn, I've got the brains / Let's make lots of money /
I've had enough of scheming and messing around with jerks /
My car is parked outside, I'm afraid it doesn't work /
I'm looking for a partner, someone who gets things fixed /
Ask yourself this question: Do you want to be rich? /
I've got the brains, you've got the looks / Let's make lots of money /
You've got the brawn, I've got the brains / Let's make lots of money /
You can tell I'm educated, I studied at the Sorbonne /
Doctored in mathematics, I could have been a don /
I can program a computer, choose the perfect time /
If you've got the inclination, I have got the crime

아티스트 ㅣ 펫 샵 보이즈Pet Shop Boys
곡명 ㅣ 「기회(떼돈을 벌자)Opportunities(Let's Make Lots of Money)」
앨범 ㅣ 「제발Please」
발매 연도 ㅣ 1986

배금주의 풍조가 지배한 레이건·대처 시대에는 대중음악계
에도 당연히 상업주의가 득세했다. 음악성보다는 히트 차트 상
위권과 높은 음반 판매고가 우선이었다. 1980년대의 음악 뉴미
디어인 MTV와 함께 영상음악 시대가 도래하면서 음악가들은
자신의 개성적 음악세계를 굴착하기보다는 카메라 앞에 서서
대중에게 잘 보이기 바빴다. '비주얼' 가수들이 쏟아져 나왔다.
쿵쾅거리던 메탈도 당의정을 입고 상업적 성향을 갖춘 팝
메탈pop metal로 모습을 바꿔 일세를 풍미했다. 이 무렵 음악계

는 탐욕으로 물들어 '출세 지상주의'가 모든 도덕적 가치를 비웃었다. 성공한 사람이 욕먹는 예는 없다는 듯, 성공에는 죄가 없다는 듯, 또 성공은 사람 눈에 하느님으로 비친다고 주장하듯 상당수 음악인들이 출세와 성공을 열망했고 축재蓄財에 열을 올렸다.

1985년 영국과 미국 차트를 휩쓸며 선풍적인 인기를 모았던 영국 그룹 다이어 스트레이츠Dire Straits의 「불로소득Money for Nothing」은 레이건·대처 시대를 지배한 음악계의 탐욕에 대한 경멸과 혐오를 직설적으로 드러낸 노래다. 피크 없이 일렉트릭 기타를 연주하는(핸드 피크) 리더 마크 노플러Mark Knofler가 전하는 매력적인 기타 리프와 단박에 귀를 당기는 후크, 그리고 게스트 보컬 스팅의 자극적인 보컬 등 곡 자체도 매혹적이지만 일그러진 시대 정서를 응시하는 비판적인 메시지 덕분에도 화제를 모았다.

저 멍청이들 좀 봐 / 하는 짓거리가 그렇지 뭐 /
MTV에서 기타를 쳐대지만 / 잘 안 되지 / 하는 짓거리가 그렇지 뭐 /
불로소득에다 공짜로 여자 얻고 / 이제는 잘 안 될 거야 /
하는 짓거리가 그렇지 뭐 / 내가 한마디 하지 /
그 사람들도 바보는 아니야 / 아마 손가락에 물집이 잡힐 거야 / (……)
아마 엄지손가락에 물집이 잡힐 거야 / 저 게이 녀석 봐 /
귀걸이를 하고 화장을 했네 / 이봐 저게 원래 걔 머리 색깔이라는군 /
저 게이 놈은 전용기가 있어 / 저 게이는 백만장자야 /
우리는 전자레인지 / 맞춤 부엌용품을 설치해야 하는데 /
우리는 이 냉장고를 / 그리고 컬러 TV를 옮겨야 하는데 /
이럴 줄 알았으면 기타 치는 걸 배울걸 / 드럼 치는 걸 배울걸
Now look at them yo-yo's / That's the way you do it /

You play the guitar on the MTV / That ain't workin' / That's the way you do it /
Money for nothin' and your chicks for free / Now that ain't workin' /
That's the way you do it / Let me tell ya them guys ain't dumb /
Maybe get a blister on your little finger / Maybe get a blister on your thumb /
(······) See the little faggot with the earring and the makeup /
Yeah buddy that's his own hair / That little faggot got his own jet airplane /
That little faggot he's a millionaire / We gotta install microwave ovens /
Custom kitchen deliveries / We gotta move these refrigerators /
We gotta move these color TV's / Look here, look here /
I should'a learned to play the guitar / I should'a learned to play them drums

아티스트 | 다이어 스트레이츠Dire Straits
곡명 | 「불로소득Money for Nothing」
앨범 | 「전우들Brothers in Arms」
발매 연도 | 1985

마크 노플러는 무수한 비정규직을 전전한 노동계급 출신의
인물이며 그룹명 다이어 스트레이츠는 '찢어지게 가난한' 상태
를 일컫는 말이다. 이 노래의 화자話者는 조그만 가전제품 판매
점에서 힘들게 일하는 노동자다. 이런 인물에게 쉽게 돈을 벌
고, 쉽게 여자들을 얻는 MTV의 백만장자 스타가 눈꼴신 것은
당연한 것 아니었을까. 레이건·대처 집권기의 보수 시대는 이렇
게 경제적 격차 그리고 정서적 격차를 크게 벌려놓았다.

chapter 11

"도망칠 곳이 없어,
난 미국에서 태어났지"

Bruce Springsteen
Billy Joel

레이거노믹스의 뒤안길

1980년대 초, 미국 🇺🇸

Keyword : 레이건 시대 풍자

좀 길긴 하지만 아래 1980년대를 살아간 한 미국 남자의 자기 인생사에 대한 장탄식을 들어보자.

난 시골의 계곡 출신입니다 /
말하자면 그곳은요, 어렸을 때 아버지가 자란 것처럼 우리들도 그렇게
자라나는 곳이랍니다 / 나와 메리는 고등학교 때 만났어요 /
그때 메리는 겨우 열일곱 살이었지요 /
우린 이 계곡을 빠져나와 푸른 들판이 있는 곳으로 차로
달리곤 했지요 / 우리는 강으로 내려가곤 했고 /
강물로 뛰어들기도 했어요 / 그러곤 강을 따라 내려갔지요.

I come from down in the valley / Where mister when you're young /
They bring you up to do like your daddy done /
Me and Mary we met in high school / When she was just seventeen /
We'd drive out of this valley down to where the fields were green /
We'd go down to the river / And into the river we'd dive /
Oh down to the river we'd ride

BRUCE SPRINGSTEEI

그런데 떡 하니 메리가 임신을 했지요 /
메리가 더 이상 뭘 할 수 있었겠어요? /
내가 열아홉 살 생일 때 받은 선물은 노조원 카드와 결혼 예복이었지요 /
우리는 결혼을 위해 법원을 찾아 갔어요 / 판사가 인정하는 게 끝이었지요 /
결혼식에는 환한 웃음도 없었고, 행진도 없었고 /
화환도 없었고 웨딩드레스도 없었습니다 /
결혼식 날 밤 우리는 그 강을 따라 내려갔지요 /
늘 했던 대로 강물로 뛰어들기도 했어요 / 그러곤 강을 따라 내려갔지요.

Then I got Mary pregnant / And man that was all she wrote /
And for my nineteenth birthday I got a union card and a wedding coat /
We went down to the courthouse / And the judge put it all to rest /
No wedding day smiles, no walk down the aisle / No flowers no wedding dress /
That night we went down to the river / And into the river we'd dive /
Oh down to the river we did ride

난 존스타운 회사에서 막노동꾼으로 일합니다 /
하지만 근래 경기가 악화돼서 일이 별로 없네요 /
그렇게 전에 중요했던 일이 이제는 /
말하자면 허공에 흩어져 사라져버렸네요 /
이제 난 아무 일도 없었던 것처럼 행동하고 /
메리도 포기한 듯 살아가구요

I got a job working construction for the Johnstown Company /
But lately there ain't been much work on account of the economy /
Now all them things that seemed so important /
Well mister they vanished right into the air / Now I just act like I don't remember /
Mary acts like she don't care

그러나 난 우리가 형의 차를 타고 어디론가 떠났던 일은 기억합니다 /
메리의 몸은 그을렸고 저수지에서 물에 젖었지요 /
우리는 그 늪에서 꼴깍 밤을 지새웠습니다 /
메리가 내쉬는 숨 하나하나를 느끼기 위해 그녀를 끌어당겼지요 /
이제 그러한 추억들이 되돌아와 나를 따라다니네요 /

마치 저주처럼 날 따라다닌답니다 /
실현이 되지 않는다면 꿈은 거짓말 아닌가요 /
아니면 그보다 더 비참한 것이든가요 / 그러면 저는 강으로 갑니다 /
물론 강물이 말랐다는 것을 모르지 않아요 /
오늘 밤도 저는 강으로 갑니다 / 메리와 나는 강물을 따라 내려갑니다

But I remember us riding in my brother's car /
Her body tan and wet down at the reservoir /
At night on them banks I'd lie awake /
And pull her close just to feel each breath she'd take /
Now those memories come back to haunt me / They haunt me like a curse /
Is a dream a lie if it don't come true / Or is it something worse /
That sends me down to the river / Though I know the river is dry /
That sends me down to the river tonight / Down to the river / My baby and I /
Oh down to the river we ride

아티스트 | 브루스 스프링스틴Bruce Springsteen
곡명 | 「강The River」
앨범 | 『강』
발매 연도 | 1980

　　노랫말이라고 하기에는 너무나 리얼하다. 가사 중에도 '경기가 악화돼서 일이 별로 없네요'라는 표현이 나오듯이 피폐한 경제로 인해 고단한 삶을 살아가는 한 남자의 비탄과 허망이 짙게 퍼져 있다. 브루스 스프링스틴의 곡 「강」은 가사에 1970년대 이후 미국 경제의 역사를 그대로 실어 나르고 있다. 이 노래는 1980년 그가 발표한 같은 제목의 앨범 『강』에 수록되어 있다. 1980년이면 바로 레이건이 카터를 누르고 대선에서 당선된 해다. 이 인연(혹은 악연)으로 브루스 스프링스틴은 레이건 시대를 관통하면서 그 시대를 살아가는 미국 서민들의 현실, 특히 불경기를 살아간 미국 노동계층의 현실을 지속적으로 대변하게

된다. 흡수력이 높은 후렴구가 경쾌한 리듬을 타고 흐를지라도 그것은 『뉴스위크』가 1985년 8월에 커버스토리로 다뤘듯 '지킨 약속보다 깨진 약속'에 관한 현실을 다뤘다. 그 주간지는 스프링스틴의 노래를 '절망despair'이란 키워드로 정의했다.

　브루스 스프링스틴은 데뷔 때부터 경쾌하거나 때로는 비장한 록 사운드를 통해 절망이라는 주제에 천착해왔다. 아메리칸 드림에 대한 그의 암울한 시각은 1980년 앨범 『강』을 거쳐 1982년 『네브라스카Nebraska』에 와서 극점으로 향한다. 로커답지 않게 통기타와 하모니카만을 가지고 카세트테이프에 녹음한 이 포크 성향의 앨범은 미국 사회의 어두운 이면을 너무도 황량하게 묘사한다.

　수록곡 가운데 앨범과 동명곡인 「네브라스카」는 열한 명을 닥치는 대로 살해한 연쇄 살인범 찰스 스타크웨더(찰스는 캐릴과의 교제를 반대하던 캐릴의 부모와 두 살배기 동생을 총으로 쏴 죽인 뒤 캐릴과 함께 달아났고, 도주 길에 우연히 마주친 사람들도 무차별 살해했다)를 다뤘으며 「조니 99Johnny 99」 역시 살인자(자동차 회사에서 일하던 한 공장 노동자가 해고된 뒤 술에 취해 점원을 살해했다)에 관한 노래다. 앨범 전체가 유기적으로 연결되어 있긴 하지만 두 살인자에 관한 노래의 공통분모는 빚더미를 이기지 못해 범죄로 빨려 들어간 실직 노동자라는 점이다. 브루스 스프링스틴은 평범한 미국인들의 아메리칸 드림을 짓밟고 있는 레이건의 무정한 경제 정책을 비판하고 있는 것이다.

지난달 말에 마와 시에 있는 자동차 공장이 문을 닫았어 /
랠프는 새 직장을 구하려고 백방으로 노력했지만

아무 일도 얻을 수 없었지 /

그는 진과 와인을 섞어 마셔 만취해서는 집에 들어왔지 /

그러고는 총으로 야간 근무자를 쏴버려 조니 99라는 별명을 얻었다네 /

(······) "존경하는 판사님, 난 빚이 있는데 정직하게 일해서는

갚을 수 없습니다 / 은행이 저당을 잡고 내 집을 압류했습니다 /

그렇다고 내가 무죄라는 건 아닙니다만 /

내가 총을 쏜 것은 이 모든 것 때문입니다"

Well they closed down the auto plant in Mahwah late that month /

Ralph went out lookin' for a job but he couldn't find none /

He came home too drunk from mixin' / Tanqueray and wine /

He got a gun shot a night clerk now they call 'm Johnny 99 /

(······) Now judge I got debts no honest man could pay /

The bank was holdin' my mortgage and they was takin' my house away /

Now I ain't sayin' that makes me an innocent man /

But it was more 'n all this that put that gun in my hand

아티스트 ｜ 브루스 스프링스틴Bruce Springsteen
곡명 ｜「조니 99Johnny 99」
앨범 ｜「네브라스카Nebraska」
발매 연도 ｜ 1982

사실 1985년부터 시작된 경기회복이 피부로 느껴지기 전까지 레이건 정부 초기의 미국 경제는 여전히 암담했다. 레이거노믹스에 따른 정부와 기업의 '몸집 줄이기'로 미국 전체 공장의 약 3분의 1이 폐쇄되었던 것이다. 문을 닫지 않았더라도 제너럴 일렉트릭스 같은 글로벌 회사들도 직원을 대량 해고했다. 실업자가 쏟아져 나왔고 그 비율은 10퍼센트에 달했다. 브루스 스프링스틴은 바로 이것을 본 것이다.

"살기가 점점 더 어려워지고 있어"
'블루칼라' 미국의 찬가

브루스 스프링스틴뿐 아니다. 「피아노 맨Piano Man」「있는 그대로의 그대Just the Way You Are」그리고 「진실Honesty」등 도회적 분위기의 팝송을 들려주던 빌리 조엘Billy Joel도 이 차가운 현실을 봤다. 빌리 조엘은 브루스 스프링스틴이 『네브라스카』 앨범을 낸 1982년에 『나일론 커튼Nylon Curtain』을 발표해 리얼리즘 아티스트로 거듭났다.

이 앨범 수록곡 중 하나로 싱글로 나와 그해 가장 인기를 누린 「앨런타운Allentown」은 이 무렵 잇단 공장 폐쇄에 따른 노동자들의 고통스런 현실을 노래하고 있다. 「앨런타운」은 펜실베이니아 소재의 공업도시로, 유명한 베슬리헴 철강회사Bethlehem Steel'가 자리 잡고 있는 곳이다. 하지만 대부분의 철강회사가 그렇듯 베슬리헴 철강 공장은 레이건 경제 정책에 따른 구조조정의 여파로 이 무렵 쇠퇴하기 시작했고 얼마 안 있어 문을 닫았다.

우리는 여기 앨런타운에 살고 있어 / 공장들은 폐쇄되었지 /
베슬리헴 주변에서 노동자들은 빈둥빈둥 시간을 때우고 있고 /
이력서를 쓰면서 / 길게 줄을 서 있지 /
우리의 아버지들은 제2차 세계대전에 참전했어 /
전후 뉴저지 해변에서 주말을 보냈고 /
미군위문협회에서 우리의 어머니들을 만났지 /
어머니들에게 춤을 추자고 청했고 / 느리게 춤을 추었지 /
우리는 여기 앨런타운에 살아 /
하지만 불안이 우리에게 대물림 되었지 /
살기가 점점 더 어려워지고 있어

Well we're living here in Allentown /
And they're closing all the factories down /
Out in Bethlehem they're killing time / Filling out forms /
Standing in line / Well our fathers fought the Second World War /
Spent their weekends on the Jersey Shore / Met our mothers in the USO /
Asked them to dance / Danced with them slow /
And we're living here in Allentown / But the restlessness was handed down /
And it's getting very hard to stay

아티스트 ┃ 빌리 조엘Billy Joel
곡명 ┃「앨런타운Allentown」
앨범 ┃「나일론 커튼The Nylon Curtain」
발매 연도 ┃ 1982

이 곡은 그해부터 '블루칼라' 미국의 찬가로 격상했다. 앨런
타운 지역을 지나치게 황량하게 묘사했다는 일각의 비판이 제
기되었지만 나중 빌리 조엘은 앨런타운 시장에게 명예 열쇠를
받기도 했다. 시장은 이 노래를 두고 "껄끄러운 도시에 대한 껄
끄러운 노래"라고 칭송했다고 한다. 한편 『타임』은 "브루스 스
프링스틴과 빌리 조엘은 악몽의 현장을 답사하거나 단순하게

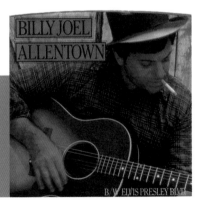

"「앨런타운」은 껄끄러운 도시에 대한
껄끄러운 노래다"
앨런타운 시장

광기를 묘사한 수준이 아닌 '현대판 광기의 과정'을 파고들었다"라는 내용의 기사를 통해 두 아티스트의 시대적 접근을 높이 샀다. 현대판 광기의 과정이란 말할 필요 없이 전통과 서민들의 삶을 흔들어놓은 신자유주의의 실상이다.

"우린 미국에, 이런 나라에 태어났다네!"
베이비붐 세대의 각성

1980년대 미국의 실상을 집요하게 파고들어간 브루스 스프링스틴은 이 고통스러운 작업으로 1984년, 생애 최고의 전성기를 맞이했다. 1980년의 『강』, 1982년의 『네브라스카』는 예고편에 불과했다. 그가 대담하게 『미국에서 태어나Born in the USA』로 제목을 붙인 1984년 발표작은 불경기를 살아간 미국 노동계급의 현실을 적나라하게 드러낸 앨범이었음에도 시장에서 초대형 대박을 쳤다. 보통 이러한 리얼리즘 음악은 평단의 찬사는 얻더라도 대중의 반응은 그저 그런 데 비해 브루스 스프링스틴의 노래들은 인기 차트 상위권을 누볐다. 『미국에서 태어나』 앨범에서는 무려 일곱 곡이 빌보드 차트 10위 안에 들어가는 기염을 토했다. 「어둠 속에서 춤을Dancing in the Dark」 「날 커버해주오Cover Me」 「미국에서 태어나」 「영광의 나날들Glory Days」 「나의 고향My Hometown」 등의 곡들이 미국 대중의 사랑을 만끽한 것이다.

분명 경기침체의 시의성을 타긴 했지만 돌이켜 보면 음악 시장의 분위기상 납득할 수 없는 대성공이었다. 1984년은 마이클 잭슨의 전설적인 『스릴러Thriller』 앨범의 인기가 정점을 찍은

때였다. 『타임』은 '마이클 마니아', 『뉴스위크』는 '잭슨 피버'로 명명한 이 바람은 1982년 겨울부터 「그 여자는 내 것The Girl Is Mine」으로 시작해 1983년의 글로벌 센세이션 「빌리 진Billie Jean」과 「비트 잇Beat It」을 거쳐 1984년 2월에 싱글로 발표한 곡 「스릴러」까지 거의 2년 동안 계속되었다. 그사이 빌보드 싱글 차트 10위 안으로 진입한 톱 10곡은 사상 최다인 일곱 곡을 기록했다. 앨범의 전곡이 히트를 친 셈이다. 마이클 잭슨의 노래는 당대 흑인들의 생활상을 스케치한 노래도 있지만 흥겨운 디스코 리듬 덕분에 '살맛 나는 세상에서 춤추자'라는 댄스 음악으로 여겨졌다.

그녀는 마치 영화 속의 아름다운 여왕 같았어 /
난 신경 안 쓴다고 했지만 무대에서 춤출 사람은
바로 나라니 이게 무슨 의미죠? /
그녀는 내가 무대에서 춤출 사람이라고 말하는 거예요 /
그녀는 자신의 이름이 빌리 진이라고 했어, 한바탕 소란을 피우면서 /
그러자 모두들 자기들이 주인공이었으면 하는 눈빛으로 쳐다보았지 /
모두들 무대 위에서 그녀와 춤추는 주인공을 꿈꿨지
She was more like a beauty queen from a movie scene /
I said don't mind, but what do you mean, I am the one /
Who will dance on the floor in the round /
She said I am the one, who will dance on the floor in the round /
She told me her name was Billie Jean, as she caused a scene /
Then every head turned with eyes that dreamed of being the one /
Who will dance on the floor in the round

아티스트 | 마이클 잭슨Michael Jackson
곡명 | 「빌리 진Billie Jean」
앨범 | 『스릴러Thriller』
발매 연도 | 1982

사람들은 「빌리 진」에 맞춰 열심히 춤을 췄다. 마치 달을 걷는 것 같은 환상적인 '문워크'와 로봇 춤에 몸을 맡겼다. 국내에서도 디스코텍의 플로어에서 마이클 잭슨 춤으로 부지런히 발을 부비면서 운동화 업계가 부흥했다는 우스갯소리가 들리기도 했다.

이런 댄스 음악이 유행하는 가운데 홀연히 등장한 브루스 스프링스틴의 노래는 전혀 성격이 달랐다. 그것은 춤추는 나라가 아니라 고통에 찌든 나라라는 절망의 토로였다.

조그만 고향의 혼잡 속에 있던 내게 / 그들은 총 한 자루를 쥐어주곤 /
나를 낯선 이국땅으로 보냈어 / 가서 황인종을 죽이라고 /
(……) 고향에 돌아와 제련소로 일자리를 얻으러 갔어 /
채용 담당자는 "나 같으면 말이야" 하더니 나더러
재향군인회에 가보라는 거야 / "이해하겠지?"라면서 /
(……) 교도소의 그늘 아래서 / 제련소의 가스 불꽃 옆에서 /
난 10년간 땅을 치며 살고 있어 /
도망칠 곳이 없어, 갈 곳이 아무 데도 없어 / 난 미국에서 태어났어 /
미국에서 태어났어
Got in a little hometown jam / So they put a rifle in my hand /
Sent me off to a foreign land / To go and kill the yellow man /
(……) Come back home to the refinery /
Hiring man said "Son if it was up to me" / Went down to see my V.A. man /
He said "Son, don't you understand now" /
(……) Down in the shadow of the penitentiary /
Out by the gas fires of the refinery / I'm ten years burning down the road /
Nowhere to run ain't got nowhere to go / Born in the USA / Born in the USA

아티스트 | 브루스 스프링스틴Bruce Springsteen
곡명 | 「미국에서 태어나Born in the USA」
앨범 | 「미국에서 태어나」
발매 연도 | 1984

"도망칠 곳이 없어, 난 미국에서 태어났지" ▶

그들에게 미국은 열심히 일하면 잘살 수 있는 나라가 아니었다. 국가에 충성해 베트남 전쟁터로 끌려가 목숨을 걸고 싸웠지만 돌아와보니 아무도 반겨주지 않고 일자리 하나도 구할 수 없는 말도 안 되는 나라로 변해 있었다. 당시 미국인이라면 모두들 따라 불렀다는 후렴구 "미국에서 태어났어"는 아메리칸 드림의 긍지 선언이 아니라 베트남 참전 장병의 사례를 통해 전하는 아메리칸 나이트메어의 참담한 조소이자 절규였다.

우리 아버지는 20년간 공장에서 일하셨지만 / 해고되셨어요 /
지금은 샅샅이 뒤지며 일자리를 찾으러 다니시지요 /
하지만 너무 나이가 들었다고 아버지를 꺼립니다 /
내가 아홉 살 때 아버지는 뉴저지의
메터첸 포드 공장의 조립 라인에서 일하셨죠 /
지금은요 쓸쓸히 재향군인회 강당의 의자에 앉아 계신답니다 /
아버지가 무슨 생각하는지 알아요 / 영광의 나날들이여 돌아오라 /
오, 그런데 영광의 시절이 있기나 했나
My old man worked 20 years on the line and they let him go /
Now everywhere he goes out looking for work /
They just tell him that he's too old / I was 9 years old and he was
working at the Metuchen Ford plant assembly line /
Now he just sits on a stool down at the Legion Hall /
But I can tell what's on his mind / Glory days, yeah goin back /
Glory days, oh he ain't never had

아티스트 | 브루스 스프링스틴Bruce Springsteen
곡명 | 「영광의 나날들Glory Days」
앨범 | 『미국에서 태어나Born in the USA』
발매 연도 | 1984

마이클 잭슨의 『스릴러』가 일곱 곡을 히트시키고 나서 바로 뒤 전혀 프레임이 다른 앨범에서 톱10 히트곡이 똑같이 일곱 곡이 나왔다는 것은 믿기가 어렵다. 마이클 잭슨이 명明이라면 브루스 스프링스틴의 것은 암暗이었다. 그럼에도 불구하고 『미국에서 태어나』가 대대적 선풍을 몰고 온 이유는 무엇이었을까.

브루스 스프링스틴은 "과거에 더 나은 세상을 꿈꾸었던 베이비붐 세대들이 10년간의 불경기를 겪으며 새롭게 눈을 뜬, 현실 각성의 소산"이라고 풀이한다. 그 무렵 통계에 따르면 브루스 스프링스틴의 앨범을 사고 공연을 찾은 관객의 평균 나이가 서른한 살이었다고 한다. 1950년대 생들, 바로 베이비붐 세대들이다.

그들은 1960년대 후반 학창 시절 공민권 운동에 나서고 베트남전을 반대하며 거리에서 소리친 사람들이었지만 나이가 들면서 그 저항성을 내려놓을 수밖에 없었다. 1970년대 들어서는 신나게 춤을 췄다. 1970년대 중후반을 강타한 디스코 붐은 그 베이비붐 세대가 주도한 마지막 문화현상으로 평가된다. 춤추고 놀며 그렇게 살다가 1980년대 들어 차가운 현실에 눈뜨면서 약간은 반성하는 마음으로 일각의 베이비붐 세대들이 브루스 스프링스틴의 노래들에 잠기게 됐다는 것이다. 그래서 브루스 스프링스틴 열풍은 '1960년대 저항을 이끈 베이비붐 세대의 컴백' 덕분이라는 분석도 등장했다. 한마디로 양심이 되돌아왔다고 할까. 그들의 의식 선회를 이끈 것은 바로 미국의 우울한 경제였다. 브루스 스프링스틴이 전성기를 누리던 1980년대 중반만큼 경제의 자장이 대중음악에 그토록 강렬하게 퍼지며 궤적을 깊게 새긴 때도 없었다.

chapter 12

"허수아비에 비가 내리고
쟁기에 피가 흐르는구나"

John Mellencamp

농민들,
노동자 이상의 시련을 겪다

레이거노믹스와 더불어 미국의 기간산업이 제조업 중심에서 컴퓨터 등 과학기술 기반 산업과 금융·서비스업 중심으로 변화하면서 철강과 자동차를 비롯한 제조업이 직격탄을 맞았다. 하지만 그 못지않은 시련을 겪은 분야가 바로 농업이었다. 1960년대와 1970년대 초반, 미국 농민들은 세계 최대의 농업국으로서 위용을 만끽했다. 곡물 부족에 시달리던 중국, 인도 그리고 소련에 엄청난 물량의 곡물을 수출하게 되면서 막대한 소득을 올렸다. 전 세계에서 곡물 수요가 폭발적으로 늘어나자 미국의 농민들은 생산량 증대를 위해 재배 면적을 더 확보해야 했다. 땅을 사기 위해선 돈이 필요했고 그 돈은 은행에서 대출을 받아 충당했다.

생산 소득이 대출이자를 상회할 때는 문제가 없었다. 하지만 대량생산 시스템 구축과 영농의 현대화라는 캐치프레이즈 아래 생산은 거대 자본을 소유한 소수의 농업 자본가들에게 집

JOHN MELLENCAM

중되었고 그에 따라 많은 소농이 줄줄이 농사를 포기하는 사태가 발생했다. 여기에다 경기침체로 농산물 수요가 감소한 것은 물론 1970년대 오일 쇼크로 생산 원가가 상승하게 되자 농민들의 가계 사정은 더욱 나빠졌다.

이것으로도 그로기 상태였는데 1986년과 1988년에는 하늘마저 도와주지 않았다. 최악의 가뭄이 미국 중남부 농업 지역을 강타한 것이다. 수익이 큰 폭으로 하락하면서 농사를 유지하는 것 자체가 어려워졌고 대출이자 갚기도 벅차게 되었다. 상당수 농가들이 빚쟁이로 몰릴 수밖에 없었다. 농업은 위기에 빠졌다.

1985년에 선풍적인 인기를 누린 존 멜렌캠프John Mellencamp의 앨범 『허수아비Scarecrow』는 도탄에 빠진 미국 농가의 실상을 고발한 노래들로 유명하다. 브루스 스프링스틴의 『미국에서 태어나』가 노동자의 시련을 대변하던 때, 존 멜렌캠프의 『허수아비』는 시름에 빠진 농촌에 초점을 맞추었던 것이다.

내가 다섯 살 때 울타리로 걸어갔을 때 할아버지는 내 손을 잡고 말씀하셨지 / 허수아비에 비가 내리고 쟁기에는 피가 흐르는구나 / 이 땅이 나라를 먹여 살렸단다 / 이 땅이 나는 자랑스럽단다 / 그런데 애야 이제는 너한테 물려줄 게 없구나 / 허수아비에 비가 내리고 쟁기에 피가 흐르는구나 / (반복) 지난여름에 우리가 수확한 것으로는 대출이자를 갚기에도 부족해 / 봄에 뿌릴 씨앗마저 살 수가 없어 / 농촌구제은행도 문을 닫았고 / 오랜 친구 셰프먼에게 전화를 걸었어 / 내 땅을 경매에 부쳐달라고
When I was five I walked the fence while grandpa held my hand /
Rain on the scarecrow, blood on the plow /
This land fed a nation, this land made me proud /
And Son I'm just sorry there's no legacy for you now /

Rain on the scarecrow, blood on the plow / (twice)
The crops we grew last summer weren't enough to pay the loans /
Couldn't buy the seed to plant this spring and the Farmers Bank foreclosed /
Called my old friend Schepman up to auction off the land

아티스트 ㅣ 존 멜렌캠프John Mellencamp
곡명 ㅣ「허수아비에 비가 내린다Rain on the Scarecrow」
앨범 ㅣ「허수아비Scarecrow」
발매 연도 ㅣ 1985

"허수아비에 비가 내리고 쟁기에 피가 흐른다"라는 표현 하나로 일손을 놓은 당시 미국 가족농family farm의 딱한 처지를 읽을 수 있다. 농지가 이 나라를 키웠지만 이제는 후대에 유산으로 물려주지 못한 채 경매에 붙여야 하는 슬픈 현실. 수확한

존 멜렌캠프의 "허수아비에 비가 내리고 쟁기에 피가 흐른다"는
표현 하나로 일손을 놓은 당시 미국 가족농의 딱한 처지를 읽을 수 있다.
작은 마을에서 태어났지만 땅을 일궈 위대한 미국의 건설에 앞장서왔다는
농민들의 자부심은 상처를 입었다.

농작물의 소득으로는 대출이자를 갚지 못하는 지경이 된 것이다. 작은 마을에서 태어났지만 땅을 일궈 위대한 미국의 건설에 앞장서왔다는, 농민들의 기저에 자리한 오랜 자부심은 상처를 입었다.

존 멜렌캠프는 실제로 미국 인디애나 주의 작은 마을에서 태어나, 작은 마을에서 성장했고, 그 당시 작은 마을에서 살고 있던 촌부였다. 『허수아비』에 수록되어 크게 히트한 「작은 마을 Small Town」은 그러한 긍지에 대한 소박한 이력을 담고 있다. 시련기 이전인 1960~70년대의 농민들은 작은 마을 출신임을 자랑스러워했다.

난 작은 마을에서 태어났고 / 작은 마을에서 살고 있고 /
아마도 작은 마을에서 죽을거야 / 아, 그 작은 공동체! /
내 친구들 모두도 정말 작은 마을 출신이고 /
우리 부모님도 똑같은 작은 마을에 살고 계시고 /
내가 하는 일도 정말 작은 마을 일이야 / 기회는 드문 마을이야
Well, I was born in a small town / And I live in a small town /
Prob'ly die in a small town / Oh, those small communities /
All my friends are so small town / My parents live in the same small town /
My job is so small town / Provides little opportunity

아티스트 | 존 멜렌캠프John Mellencamp
곡명 | 「작은 마을Small Town」
앨범 | 『허수아비Scarecrow』
발매 연도 | 1985

1985년 7월 13일에는 세계인의 이목을 집중시켰던 대형 페스티벌 '라이브 에이드Live Aid'가 개최되었다. 미국 필라델피아 소재의 JFK 스타디움과 영국의 웸블리 스타디움에서 동시에

열린 이 행사는 아프리카의 기아와 난민을 돕기 위한 자선공연으로 기획되어 당대 영국과 미국의 유명 팝 스타들이 총출동했다. 이러한 인류애의 발로로 이후 팝 음악계의 주요 공연이 기획됐는데, 그 전기를 마련한 것이 대중음악 역사의 한 장면으로 남아 있는 '라이브 에이드'였다.

'대중음악의 구세주' 밥 딜런은 TV로 중계되어 전 세계 10억 명이 지켜본 이 무대에 나와 노래를 부른 뒤 뜻밖에 이런 말을 했다. "여기서 거둔 기금은, 아마 얼마 되지 않을 텐데, 한 100만 혹은 200만 정도, 일부라도 미국 농부들이 은행에 빚진 대출이자를 갚는 데 썼으면 좋겠다!"

아프리카 난민을 위한 자선 행사에서 갑자기 미국 농부 얘기를 꺼낸 것은 부적절하다는 지적을 받았지만 이 한마디 말로

팜에이드 포스터

'라이브 에이드'를 응용한 '팜 에이드Farm Aid', 즉 은행 채무 때문에 농토를 잃을 위기에 처한 가족농을 위한 자선 프로젝트가 기획됐다. 아프리카의 난민이 아닌 미국 농민에 포커스를 맞춘 것이다. 컨트리 음유시인 윌리 넬슨Willie Nelson, 닐 영 그리고 존 멜렌캠프가 조직위원장을 맡았다.

팜 에이드 행사는 라이브 에이드 2개월 후인 1985년 9월 25일에 일리노이 주 샴페인의 일리노이 대학 기념관에서 열려 자그마치 관객 8만 명을 동원했고 900만 달러의 기금을 조성하는 데 성공했다. 라이브 에이드 못지않게 공연이 대성황을 이룬 것은 당시 미국 농업의 위기에 대한 국민적 공감대가 형성되었기 때문이다. 라이브 에이드는 비록 단발성으로 끝났지만 (20년이 지난 2005년, 두 번째 행사인 'Live 8'이 열렸다) 팜 에이드는 정기 연례행사로 자리 잡아 30년이 다 된 지금도 해마다 열리고 있다.

"나는야 흙에 살리라"
1970년대 이후 한국의 이농 문제

여기서 잠깐 우리 이야기를 해보자. 한국도 1960년대에 개발도상국을 향한 공업화와 도시화의 물결로 가족농 해체의 위기를 심각하게 겪었다. 소득이 대폭 줄어들면서 농촌 지역민들, 특히 젊은이들이 먹고살기 위해 도시로 떠나는 이른바 '이촌향도' 현상이 빚어졌다. 농촌을 등지는 이농離農은 1970년대 제1의 사회문제였다.

초가삼간 집을 지은 내 고향 정든 땅 /
아기 염소 벗을 삼아 논밭 길을 가노라면 /
이 세상 모두가 내 것인 것을 / 왜 남들은 고향을 버릴까 /
고향을 버릴까 / 나는야 흙에 살리라 부모님 모시고 효도하면서

아티스트 ǀ 홍세민
곡명 ǀ 「흙에 살리라」
발매 연도 ǀ 1973

1973년 가수 홍세민이 불러 인기를 얻었던 가요 「흙에 살리라」다. 고향을 버린 사람은 1960년대 초반에는 연 20만 명이었다가 1960년대 후반에는 연 50만 명으로 늘어났다고 한다. 이러한 이농의 추세는 새마을운동이 한창이던 1970년대 들어서도 결코 줄지 않았다. 농업의 기반은 약화될 수밖에 없었다.

1969~72년, 우리 가요계에는 이후에는 유례를 찾아볼 수 없는, 세대가 총동원된 두 가수의 라이벌전이 펼쳐졌다. 그 주인공은 목포 출신의 남진과 부산 출신의 나훈아였다. 출신 지역만이 아니라 외모, 성장 환경, 노래 스타일, 창법 등 거의 모든 면에서 대조적이었을 만큼 둘 다 개성적이었기에 두 사람의 인기 경쟁은 치열했고 살벌했다.

주목할 대목은 두 가수가 성격과 의미망에 있어서 서로 상반된 노래를 불렀다는 점이다. 「잘 살아보세」라는 새마을 노래가 전국 방방곡곡에 울려 퍼지던 시절이었다. 우리도 잘살 수 있다는 부푼 꿈과 개발도상국에 대한 열망으로 전 국민이 땀을 흘렸던 게 빛이라면 젊은이들이 이농 대열에 대규모로 합류하면서 고향을 지키던 여인들의 한숨이 늘어난 것은 그림자였다.

남진은 「그대여 변치 마오」 「젊은 초원」 「님과 함께」 등 주로 경제성장의 빛을 대변하는 경쾌하고 빠른 템포의 노래를 부른 반면, 나훈아의 노래는 대부분 「물레방아 도는데」 「고향역」 「녹슬은 기찻길」 등 경제성장의 그림자라고 할 우울한 기조의 것들이었다. 단적으로 남진은 '성장'의 노래, 나훈아는 '이농'의 노래였다.

저 푸른 초원 위에 그림 같은 집을 짓고 /
사랑하는 우리 님과 한 백 년 살고 싶어 /
봄이면 씨앗 뿌려 여름이면 꽃이 피네 /
가을이면 풍년 되어 겨울이면 행복하네 /
멋쟁이 높은 빌딩 으스대지만 / 유행 따라 사는 것도 제멋이지만

아티스트 ┃ 남진
곡명 ┃ 「님과 함께」
발매 연도 ┃ 1972

돌담길 돌아서며 또 한 번 보고 / 징검다리 건너갈 때 뒤돌아보며 /
서울로 떠나간 사람 / 천리타향 멀리 가더니 /
새봄이 오기 전에 잊어버렸나 / 고향에 물레방아 오늘도 돌아가는데

아티스트 ┃ 나훈아
곡명 ┃ 「물레방아 도는데」
발매 연도 ┃ 1973

라이벌전이 한창이던 시기에 남진에게 밀렸던 나훈아가 훗날 더 큰 전설로 비상한 것은 막연한 꿈이 아니라 계속된 '이농'의 아픔이라는 공감지수 높은 테마에 집중해 사람들의 가슴에 오

래 남은 것이 한몫했다고 풀이된다. 고향에 대한 그리움, 향수
는 대중가요의 흡수력 높은 정서 중 하나다.

영농營農은 예나 지금이나 힘들다. 미국의 농가가 그렇듯 한
국의 농촌 역시 여전히 농업 인구의 감소, 도시 소득의 66퍼센
트에 불과한 낮은 농가 소득 등의 문제 때문에 농촌 공동화 현
상에 직면해 있다. 또한 2010년의 배추 파동이 말해주듯 한 번
농사를 망치면 다시 빚을 내서 빚을 갚아야 하는 농가부채 문
제 또한 빼놓을 수 없다. 수많은 미래의 청사진 가운데 농촌이
외면당하는 것처럼 갈수록 농촌, 농업 경제, 농촌의 실상을 다
룬 대중가요도 줄어들고 있다.

chapter 13

"이러니 고함치게 되지"

Marvin Gaye

Run-DMC

랩으로 나타난
흑인 삶의 삭막한 실상

소울과 흑인 음악 역사에서 레전드로 추앙받는 인물 마빈 게이 Marvin Gaye가 1971년에 발표한 앨범 『왓츠 고잉 온 What's Going on』은 세기의 명반으로 손꼽힌다. 팝의 명작을 꼽는 어떤 조사에서든 열 장의 앨범 안에 반드시 들어가는 작품이다. 이 앨범은 도시 흑인들이 겪고 있는 열악한 삶을 흑인 아티스트로는 드물게 정치적 저항의 시각으로 다뤘다는 점에서 대중과 평단 모두의 찬사를 받는다. 이 앨범에는 빌보드 차트 톱10의 히트를 기록한 「도심의 블루스 Inner City Blues」라는 노래가 수록되어 있다. '이러니 고함을 치지'라는 부제로 알 수 있듯이 미국 대도시에 사는 흑인 하층민들의 분노를 묘사한 곡이다. 그들이 잔뜩 화가 난 배경에는 두말할 필요 없이 경제적 고통이 있다.

달로 쏘아 올린 로켓 / 그것을 가지지 못한 자들에게 쓰지 /
돈은 우리가 벌지만 / 우리는 보기도 전에 남들이 가져가 /

MARVIN GAYE

이러니 고함치게 되지 / 그들이 내 삶을 다루듯 말이야 /
정말 소리치고 싶어 / 그들이 내 삶을 다루듯 말이야 /
이건 사는 게 아냐 / 사는 게 아니라고, 아냐 아냐 /
인플레이션 때문에 돈을 모을 수가 없어 /
청구서는 하늘처럼 높이 쌓여가고 / 애들을 죽으라고 보내는 거야 /
(……) 매달리고 쓰러지고 / 운은 없고 걸리는 것은 많고 /
당연히도 난 세금을 낼 수가 없어

Rockets, moon shots / Spend it on the have-nots / Money, we make it /
'Fore we see it, you'll take it / Oh, make you wanna holler /
The way they do my life / Make me wanna holler / The way they do my life /
This ain't livin', this ain't livin' / No, no baby, this ain't livin' /
No, no, no, no / Inflation, no chance / To increase finance /
Bills pile up, sky high / Send that boy off to die / (……) Hang ups, let downs /
Bad breaks, set backs / Natural fact is / Honey, that I can't pay my taxes

아티스트 ┃ 마빈 게이Marvin Gaye
곡명 ┃『도심의 블루스Inner City Blues』
앨범 ┃『왓츠 고잉 온What's Going On』
발매 연도 ┃ 1971

마빈 게이가 이 노래를 한 게 1971년이다. 그러면 이후 흑인
들의 삶은 어떻게 바뀌었는가. 스태그플레이션을 디스코 춤으
로 관통했지만 1980년대 들어 그들의 실제 살림살이는 더욱
악화되었다. 세월이 흘러도 똑같은 게 아니라 더 나빠졌다는
것이다. 그러한 악화를 보여주는 현상 하나를 꼽자면 여성이
가장家長인 흑인 가정의 비율이 큰 폭으로 증가했다는 점이다.

1964년의 자료에 따르면 여성이 생계를 책임지는 흑인 가정
은 25퍼센트 정도였다. 이것이 1980년에는 40퍼센트로 크게
늘었고 다시 4년이 지난 1984년에는 여성 가장의 한부모 가정
이 무려 50퍼센트 이상으로 치솟았다. 이렇게 된 데는 막 출범

한 '작은 정부'를 지향한 레이건의 복지 축소 정책이 상당한 영향을 미쳤다.

레이건 정부가 적자 재정을 줄이기 위해 복지 예산을 대폭 삭감하면서 사회보장 혜택을 받아오던 빈곤층인 흑인 가정이 타격을 입는 것은 불가피했다. 여성이 가장인 가정에만 기존의 혜택이 적용되게 되자 상당수의 흑인 남성들은 가족들이 지원을 받을 수 있도록 자신들이 집을 떠나 거리에 나앉을 수밖에 없었다.

1980년에는 총 흑인 인구 가운데 31퍼센트가 빈곤층으로 집계되었다. 이 비율은 해가 갈수록 오히려 늘어났다. 1년 소득이 5,000달러 미만인 극빈층은 1970년에는 총 흑인의 9.6퍼센트였지만 1986년에는 14퍼센트로 상승했다. 연간 소득 1만 달러 미만의 흑인은 30퍼센트가 넘었다. 실업률도 흑인 청년의 경우 1987년에는 30퍼센트에 달했고 이는 백인 청년 실업률인 15퍼센트보다 배나 많은 것이었다.

마빈 게이가 노래했듯 돈을 모을 수 없고 세금도 낼 수도 없는 궁핍한 흑인들의 삶이 개선되기는커녕 악화됐다는 것을 증명하는 지표들이다. 거리로 쏟아져 나온 흑인들이 세상을 향해 삿대질하는 것은 당연했다. 그들이 음악을 한다면 지껄이는 투의 '랩'을 할 수밖에 없는 것 아니겠는가. 이 판국에 아름다운 선율이란 애초에 있을 수 없는 것이었다. 결국 레이거노믹스가 흑인들의 분노인 랩을 불러낸 셈이다. 랩은 흑인에게 유독 차가웠던 경제 상황 속에서 급성장했다.

"나는 죽을 때까지 불경기와 싸울 거야"
힙합에 담긴 건강함, 자기 정화의 메시지

특유의 긍정과 낙관, 쾌락적인 태도로 디스코와 하우스 파티를 즐기던 흑인들은 분노와 저항으로 무장해 사납게 랩을 토해내기 시작했다. 여기서 뉴욕 브롱크스 출신의 랩 그룹 '그랜드마스터 플래시 앤 더 퓨리어스 파이브Grandmaster Flash & The Furious Five'가 1982년에 내놓은 곡 「더 메시지The Message」를 기억해야 한다. 그룹명에 이미 '퓨리어스', 즉 분노를 담고 있다. 이곡은 흑인들의 하우스 파티를 랩이라는 저항의 플랫폼으로 바꾼 기념비적인 작품으로 꼽힌다. 전주부터 매혹적인 이 곡은 한 조사에서는 역사상 가장 위대한 힙합 송으로 선정되기도 했다.

때로는 정글 같아 / 내가 어떻게 아래로 내려가지 않을 수 있겠어 /
(……) 모든 곳에 유리 파편이 널려 있고 /
사람들은 계단에 오줌을 누고 딴 사람을 신경 쓰지도 않아 /
냄새를 참을 수 없어, 소음을 참을 수 없어 /
여기를 빠져나갈 돈이 없어, 선택할 게 없어 /
앞방에는 쥐가 우글거리고 뒷방은 바퀴벌레 천지야 /
거리에는 야구방망이를 든 마약쟁이들 /
도망치려고 하지만 멀리 갈 수가 없어 /
견인트럭이 내 차를 끌고 가버렸기 때문이야 /
날 밀지 마 이미 난 끝에 다가가 있으니까 /
난 그래도 이성을 잃지 않으려고 하고 있어 / 우하하
It's like a jungle sometimes /
It makes me wonder how I keep from goin' under /
(……) Broken glass everywhere /
People pissin' on the stairs, you know they just don't care /

I can't take the smell, can't take the noise no more /
Got no money to move out, I guess I got no choice /
Rats in the front room, cockroaches in the back /
Junkies in the alley with a baseball bat /
I tried to get away, but I couldn't get far /
'Cuz a man with a tow—truck repossessed my car /
Don't push me 'cuz I'm close to the edge / I'm trying not to lose my head /
Uh huh ha ha ha

아티스트 ┃ 그랜드마스터 플래시 앤 더 퓨리어스 파이브
Grandmaster Flash & the Furious Five
곡명 ┃ 「더 메시지[The Message]」
앨범 ┃ 「더 메시지」
발매 연도 ┃ 1982

"랩은 게토 사람들이 자신들의 입장을 전달하는 출구다"
커티스 블로

막다른 곳, 달리 말하면 게토로 내몰린 흑인들의 삭막한 처지에 대한 묘사가 오싹할 정도로 생생하다. 그들은 계단에서 방뇨하고 쥐가 우글거리고 바퀴벌레 천지인 곳에서 살았다. '여기를 빠져나가려고 해도 돈이 없고 달리 선택할 게 없는' 게토 흑인들에게 유일한 자유의 비상구가 바로 랩이었다. 이 팀의 래퍼인 커티스 블로Kurtis Blow는 랩을 "게토 사람들이 자신들의 입장을 전달하는 출구"라고 말했다.

힙합은 랩을 포함한 그 무렵 흑인의 거리문화를 총칭하는 것이었다. 음반을 스크래칭하고 믹싱하는 디제이, 랩을 하는 사람, 즉 래퍼를 가리키는 MC, 그리고 춤을 추는 비보이, 그리고 그라피티를 흔히 힙합의 4대 요소라고 한다. 그랜드마스터 플래시는 이 팀의 디제이이고 멜멜Melle Mel이 엠씨MC, 즉 랩을 했다.

그랜드마스터 플래시 앤 더 퓨리어스 파이브와 함께 초기 힙합 그러니까 흔히 '올드 스쿨'로 불리는 힙합에서 또 하나 중요한 존재가 런 디엠씨Run-DMC다. 흑인들이 사는 도심, 이른바 이너 시티의 언더그라운드에서 분노와 하소연 때로는 비상 욕구를 뿜어내던 랩을 일약 전 미국의 젊은 음악, 대중의 음악으로 견인한 선두가 바로 그들이었다.

이 흑인 3인조는 백인 하드록 밴드 에어로스미스의 과거 히트곡 「이 길을 걸어라Walk This Way」를 랩으로 새롭게 해석해 본격 랩으로는 최초로 빌보드 싱글 차트 10위권에 진입하는 쾌거를 거두었다. 이 곡의 레코딩과 뮤직비디오에는 실제로 에어로스미스의 스티븐 타일러(보컬)와 조 페리(기타)가 직접 참여해 백인 록과 흑인 랩이 분리의 벽을 깨고 넘나드는 이른바 크로스오버의 새로운 장을 열기도 했다.

「이 길을 걸어라」를 계기로 랩과 록은 피부색이 달라도 젊은 이들의 저항문화라는 점에서 어깨동무할 수 있는 동지적 관계임이 밝혀졌다. 아마도 이러한 선례에 영감을 받아 로커 출신인 서태지(밴드 시나위)도 「난 알아요」와 「하여가」를 통해 거리낌 없이 랩을 수용했는지도 모르겠다.

이것 말고도 런 디엠씨는 우리와 또 인연이 있다. 1980년대 말 TV 코미디 프로의 한 코너였던 '시커먼스'에서 개그맨 장두석과 이봉원이 춤출 때 흐르던 곡 「유 비 일링You Be Illin」(1986)도 바로 런 디엠씨의 곡이었다('너는 멋이 없어!'라는 뜻의 이 곡을 두고 일각에서는 당시로는 생소하기만 했던 랩과 힙합의 정체를 비로소 국내에 알린 신호탄으로 보기도 한다).

런 디엠씨는 이러한 대중적 히트곡을 내기 전, 언더그라운드에서 활약하던 때인 1984년에 「불황Hard Times」이라는 곡을 발표했다. 원래는 커티스 블로가 그랜드마스터 플래시 앤 더 퓨리어스 파이브를 나와 솔로로 발표한 곡이지만 런 디엠씨가 리메이크하면서 음악계에 알려진 곡이다. 혹독한 불황에서 결코 패자가 되지 말라는 메시지를 보면 당시 얼마나 흑인들이 위기를 느꼈는지 감이 잡힌다.

불황이야 불경기야 / 불황이 우리를 엄습하고 있어 /
경계를 늦추지 말고 거기에 쓰러지지 마 /
혹독한 시절이고, 어려운 때라고 말들 하지만 /
최고가 되려고 노력하면 잘되는 거야 /
불경기는 우리 지갑을 텅텅 비게 만들지 /
이보게들, 내가 말하건대 그렇다고 불황이 우리 머리까지 텅텅 비게 하지는 않아 / 하루 종일 최선을 다해 일을 해야지 /

"불경기를 이겨내는 것 / 그게 내 임무라고 / 살아서도 불경기, 죽어서도 불경기야 /
나는 죽을 때까지 불경기와 싸울 거야"
「불황」에서

왜냐면 일주일 내내, 매일 난 달러가 필요하니까 /
불황은 우리를 마약에 빠지게 만들지 /
균형을 잡으라고, 거기로 떨어지지 마 / 불황이 새로운 건 아니잖아 /
나는 최고로 / 강한 나의 멘탈을 이용할 거야 /
불경기를 이겨내는 것 / 그게 내 임무라고 /
살아서도 불경기, 죽어서도 불경기야 /
나는 죽을 때까지 불경기와 싸울 거야

Hard times, hard times / Hard times are coming to your town /
So stay alert, don't let them get you down /
They tell you times are tough, you hear that times are hard /
But when you work for that ace you know you pulled the right card /
Hard times got our pockets all in chains /
I'll tell you what, homeboy, it don't have my brain /
All day I have to work at my peak /
Because I need that dollar every day of the week /
Hard times / Hard times can take you on a natural trip /
So keep your balance, and don't you slip / Hard times is nothing new on me /
I'm gonna use my strong mentality /
Like the cream of the crop, like the crop of the cream /
B—b—beating hard times, that is my theme /
Hard times in life, hard times in death /
I'm gonna keep on fighting to my very last breath

아티스트 I 런 디엠씨Run-DMC
곡명 I 「불황Hard Times」
앨범 I 「런 디엠씨」
발매 연도 I 1983

당시 흑인사회는 랩과 힙합을 통해 백인이 지배하는 세상에
대한 야유를 퍼부으면서도 자기 성화를 쇠하는 긴낑힘을 잃기
않았다. 비록 갈수록 상업화의 길로 달려갔지만 초창기 랩 음
악에는 그와 같은 '교육적' 측면이 없지 않았다. 흑인끼리 싸우
지 말자는, 마약에 의존하는 미련한 짓을 하지 말자는 내용을

랩으로 실어 나른 것이다.

1987년에는 랩의 실력파 뮤지션인 케이알에스-원KRS-One, 디 나이스, 그리고 DJ 스코트 라 록이 모여 프로젝트 성격의 그룹 '부기 다운 프로덕션스Boogie Down Productions'를 결성해 「폭력을 중단하자Stop The Violence」라는 곡을 발표했다.

이 소란을 멈출 수 있는 해결책이 뭐야? /
헌법을 바꿀까, 당신이 하는 마약을 바꾸면 되나 / 헌법을 바꿀까 /
아니면 해방선언, 선전포고 / 우리는 인플레이션과 싸우지만 /
대통령은 아직도 휴가 중이군
What's the solution, to stop all this confusion? /
Rewrite the constitution, change the drug which you're using /
Rewrite the constitution or the emancipation, proclamation /
we fight inflation, yet the president's still on vacation

아티스트 | 부기 다운 프로덕션스Boogie Down Productions
곡명 | 「폭력을 중단하자Stop the Violoence」
앨범 | 「필요한 모든 수단을By All Means Necessary」
발매 연도 | 1988

하지만 이 팀의 DJ 스코트 라 록이 갱단의 총격으로 살해당하는 비극이 발생했고 그 후 얼마 지나지 않아 부기 다운 프로덕션스와 퍼블릭 에너미의 콘서트 도중에 또 한 명의 젊은 팬이 살해당하는 사건이 일어났다. 그러자 부기 다운 프로덕션스의 케이알에스-원은 '폭력을 중단하자'의 앞 철자를 딴 이름의 캠페인STV Movement을 전개해 흑인사회에 경종을 울리고자 했다.

이 운동에는 쿨 모 디, 엠씨 라이트, 퍼블릭 에너미의 척 디와 플래버 플래브 등 유수의 랩 뮤지션들이 참여했고 폭력은 스스로를 망가뜨리는 것이라는 내용의 곡 「자기 파괴Self

Destruction」를 발표하기도 했다. STV의 관계자인 앤 칼리는 "랩 음반은 오늘날 교육의 도구로 활용할 수 있다"라고 했다. "폭력 과 마약 범죄는 따지고 보면 실업 시대의 산물이고, 바로 그것 이 우리 흑인사회의 문맹을 낳은 원인으로 작용하고 있는 것이 다."

1980년대의 혹독한 불경기 속에서도 흑인들은 성만 내는 것 에 그치지 않고 거기서 자기정화 그리고 희망과 기대의 끈을 놓지 않았다. 하지만 1980년대 후반으로 갈수록 더욱 흑인들 에게 불리해져 간 현실은 끝내 그들을 전투적으로 몰아갔다. 1990년대 들어서 랩은 마치 갱들처럼 과격한 갱스터 랩이 되어 있었다.

chapter 14

"난 루저야, 왜 날 죽이지 그래?"

Nirvana
Beck
Radiohead

부의 불평등, 패자들의 시대를 낳다

레이건 시대인 1984년부터 서서히 경기가 회복세를 보이면서 일각에서는 활황이라고 할 만큼 경제적으로 모처럼 평온기를 맞았다. 표면적으로는 국민총생산과 일자리가 늘었고 물가도 어느 정도 잡히면서 실업률도 1970년대 중반 이래 가장 낮은 수치를 기록했다. 정부는 레이거노믹스가 성공작이라고 자평했지만 실물 경기를 떠나 서민들이 느끼는 체감 경기는 결코 나아지지 않았다. 국가 경제는 몰라도 민생 경제는 여전히 나빴다.

가장 큰 문제는 미국 정부의 아킬레스건인 재정적자와 무역수지 적자가 조금도 개선되지 않았다는 데 있었다. 정부가 엄청난 돈을 써가며 경기부양을 한 것인 만큼 부작용과 후유증도 엄청났다. 부가 증대됐다고 하지만 그것은 주로 사회의 상층부와 고소득층에 집중된 것이었다. 성장의 열매를 고루 나눌 수 없었다. 중산층 아래 하위 계층은 부의 분배 과정에서 철저히 소외되었다.

NIRVANA

레이건에게서 정권을 물려받은 공화당 부시(아버지 부시) George H.W. Bush, 재임 1989~92 시대에 와서 이러한 경향은 더욱 도드라졌다. 경제지표를 봐도 부시 시대는 모든 게 오히려 악화되거나 둔화되었다. 재정적자는 1989년 1,526억 달러에서 임기를 마친 해인 1992년에는 2,903억 달러로 급등했다. 실업률은 7.5퍼센트에 달해 9년 만의 최고 수치였고 경제성장률도 3.4퍼센트에서 2.1퍼센트로 레이건 때보다 떨어졌다. 야당인 민주당은 경제 실정失政이라고 부시 정부를 맹렬히 비난했다.

소외계층, 하층민 그리고 취업 연령의 젊은이들은 부시 시대의 대표적인 피해 집단이었다. 그들은 흑인, 백인 가릴 것 없이 모두 분노했다. 젊은이들, 특히 문화예술 분야의 젊은이들은 예나 지금이나 잠재적 실업자군群이다. 미래를 알 수 없다는 뜻에서 'X세대'로 통한 그 젊은이들은 미래의 불안과 분노를 버무린 공격성으로 시대를 저주했다.

그들의 절규가 미국 서부 시애틀에서 시작된 그런지 록Grunge rock이었고 언론은 그것을 얼터너티브 록이라고 일컬었다. 부시 대통령 시대의 나른함이 절정에 이른 1991년에 밴드 너바나의 「스멜스 라이크 틴 스피릿」은 알듯 모를 듯한 노랫말을 담고 있었지만 누구든 그것이 현실에 대한 거대한 분노, 평론가 앤서니 디 커티스의 표현대로 "자이언트 퍽 유giant fuck-you"임을 알았다. 이 곡 하나로 1990년대 대중음악의 지형도가 바뀌었다.

불을 끄니 좀 낫네 / 우린 여기 있어, 우리를 즐겁게 해봐 /
난 바보가 된 것 같고 전염성이 있는 것 같아 /
우린 여기 있어, 우리를 즐겁게 해보라구 /
혼혈, 알비노, 모기 놈 할 것 없이, 내 성욕까지 말이야 /

내가 제일 잘하는 일에 난 약해 / 이 재능만은 축복받은 느낌이야 /
이 작은 우리 그룹은 항상 그래왔고 / 끝까지 항상 그럴 거야 /
이봐, 이봐, 얼마나 하등인지?

With the lights out, it's less dangerous / Here we are now, entertain us /
I feel stupid and contagious / Here we are now, entertain us /
A mulatto, An albino, A mosquito, My libido / Yeah, hey, yay /
I'm worse at what I do best / And for this gift I feel blessed /
Our little group has always been / And always will until the end /
Hello, hello, hello, how low?

아티스트 ┃ 너바나Nirvana
곡명 ┃ 「스멜스 라이크 틴 스피릿Smells Like Teen Spirit」
앨범 ┃ 「네버마인드Nevermind」
발매 연도 ┃ 1991

가사에 있는 'low'란 말에서 감을 잡을 수 있듯 이들은 스
스로를 천하고 저속하고 하등하다고 여겼다. 자진해서 '아래에'
처박히고 싶은 욕망을 즐겼다. 그것은 분명 삿대질이었고 그들
의 아우성은 불평등한 현실과 기존 사회의 억압을 향해 있었
다. 그들은 레이건·부시 시대를 관통한 상업적인 풍토에 치를
떨었다.

상업성이 가져올 부가 바로 차별을 만들어낸 원흉인데 어찌
그것을 포용할 수 있단 말인가. 반反상업성을 내걸었으나 바로
그 반상업적 성격 덕분에 엄청난 성공을 거둔 모순에 괴로워한
나머지 너바나의 리더 커트 코베인은 결국 권총 자살로 스물일
곱 살에 생을 마감했다.

"내가 가진 거라곤 시간뿐이야"
잉여세대가 사랑한 '크립'

이 얼터너티브 록의 시대, 젊음이 집단적으로 저항의식을 표출한 시대에 그들이 유난히도 편애한 말이 있었다. 그건 '크립creep'이란 단어였다. 느릿느릿 기어간다는 뜻으로 불쾌한 존재나 흉물, 쓰레기, 찌질이를 가리키는 속어였다. 빛이 들어오지 않는 구석진 곳이 차라리 더 안전하다고 느낀 1990년대 X세대들은 자신들을 비하하듯 그렇게 일컬었다.

1990년대 초반에는 라디오헤드, 스톤 템플 파일러츠Stone Temple Pilots, 티엘씨가 각각 '크립'이라는 같은 제목의 팝송을 불렀다. 「네거티브 크립Negative Creep」이라는 너바나의 곡도 있다. 라디오헤드의 「크립」은 너바나의 「스멜스 라이크 틴 스피릿」에 못지않은 1990년대 '불만 청춘의 송가'로 애청, 애창되었다.

넌 아름다운 세상에서 마치 깃털처럼 떠다니지 /
나도 스페셜한 사람이면 좋겠어 / 넌 정말 무지 스페셜해 /
근데 난 쓰레기야 / 별난 놈이라구 /
도대체 말이야 내가 지금 여기서 뭘 하는 거지 / 난 여기 소속도 아닌데
You float like a feather / In a beautiful world / I wish I was special /
You're so fucking special / But I'm a creep / I'm a weirdo /
What the hell am I doing here / I don't belong here

아티스트 ǀ 라디오헤드Radiohead
곡명 ǀ 「크립Creep」
앨범 ǀ 「파블로 허니Pablo Honey」
발매 연도 ǀ 1992

집 아래 산다는 것 / 사는 것은 같은데 실은 난 겁쟁이야 /
내가 가진 거라곤 시간뿐이야 / 의미는 없고 단지 웅얼거리는 거야 /
(……) 난 과거의 나의 반밖에 안 되는 존재야 / 새벽이 되면 이걸 느껴 /
그러곤 잿빛으로 시들어버리지

Livin' under house / Guess I'm livin', I'm a mouse / All's I got is time /
Got no meanin', just a rhyme / (……) I'm half the man I used to be /
This I feel as the dawn / It fades to gray

아티스트 ┃ 스톤 템플 파일러츠Stone Temple Pilots
곡명 ┃ 「크립Creep」
앨범 ┃ 「코어Core」
발매 연도 ┃ 1993

스스로를 '크립'으로 여긴다는 것은 역으로 견고한 상층이 존재한다는 것이다. 당시는 이렇게 불평등하고 현격한 차이를 만들어내는 체제에 대해 잠재적 실업자들인 젊은 음악가들이 강력한 불만을 토로하던 시절이었다. 승자가 아름답지 않은 시대를 살았기에 그들은 또 루저loser, 즉 패자이기를 결코 부끄럽게 여기지 않았다. 자신을 사회에 불필요한 '잉여 세대'로 간주한 것이다.

부시 시대를 사는 염증과 피로감을 느끼는 한편으로 암암리에 차등화 되어가던 삶에 대한 본질적 회의, 아니면 자포자기라고 할까. 그래서 이 청년들은 기성세대에게 도피, 회피하는 세대라는 핀잔을 듣기도 했다. 그들은 두고두고 벡Beck이 부른 「루저」의 매혹적인 후렴구를 흥얼거렸다. "난 루저야, 왜 날 죽이지 그래I'm a loser baby, so why don't you kill me?" 1993년에 발표한 이 곡은 커다란 파장을 일으키며 지금도 도피 세대의 찬가로 남아 있다.

"난 정상적으로 살아갈 수 없어"
소외된 흑인들, 갱스터 랩으로 무장하다

상대적으로 처지가 더 열악한 흑인들은 도피 정서보다는 백인 사회와 맞장을 뜬다는 식의 강력한 입장을 택했다. 그러한 강경한 자세를 표출한 음악이 부시 시대에 나와 순식간에 전성기를 맞은 갱스터 랩이었다. 억센 펑크 비트를 바탕으로 마치 갱단처럼 정치·경제·사회·성 전반에 걸쳐 과격한 메시지를 난사하는 살벌한 음악이었다. 몇몇 갱스터 래퍼들은 실제로 총기를 사용해 교도소를 들락날락하기도 했다. 한인들의 피해도 많았던 로스앤젤레스의 흑인 폭동이 터진 것도 바로 이때(1992년 4월 29일~5월 4일)였다

'태도를 가진 흑인들Niggaz Wit Attitudes'이라는 뜻의 갱스터 그룹 엔더블유에이NWA는 「우라질 경찰 놈들Fuck Tha Police」을 발표해 평지풍파를 일으켰지만 슈퍼스타들이 몸담았던 그룹으로도 유명하다. 이 그룹 출신의 래퍼 닥터 드레Dr. Dre는 갱스터 랩이라는 장르의 형식미를 구현하고 대중화한 앨범 『더 크로닉The Chronic』으로 우뚝 섰다. 이 무렵 주류로 떠오른 스타 래퍼를 제외하고 언더에서 활동한 랩 뮤지션들은 거의가 갱스터 랩을 표방했다.

이 음악은 소외된 흑인사회 청춘들의 전폭적인 응원을 받으면서 갱스터 랩 가수들을 스타로 끌어올리기도 했다. 그중 하나로 서부 캘리포니아 랩의 영웅으로 부상한 투팍2Pac의 곡 「난 신경 안 써I Don't Give a Fuck」에는 공권력과 인종주의에 대한 적나라한 반감이 서려 있다. 역시 부당한 것에 결연히 맞서는 내용

"참으로 엉망이었던 시절, 그 게토 동네의 고통을 3분 20초에 담았다"
쿨리오

을 담은 워런 지Warren G의 「통제하겠어Regulate」도 빌보드 싱글 차트 2위에 오르는 빅히트를 쳤다.

1995년에 영화 「위험한 아이들Dangerous Minds」의 삽입곡으로 소개되어 빌보드 1위에 오르며 공전의 히트를 기록한 쿨리오 Coolio의 「갱들의 천국Gangsta's Paradise」를 보자. 쿨리오는 실제로 청소년 시절 캘리포니아 일대를 배회한 갱스터였다. 가사에 등장하는 알파벳 G는 갱스터를 가리킨다.

난 갱스터 행각을 싫어하지만 지금은 갇혀 있네 /
자라면서 총알이 난사되는 곳에 있는 나 자신을 보게 되었지,
바보같이 / 내 어린 동생들이 되기를 원하는
그런 갱스터가 되어 있더라 /
밤마다 무릎을 꿇고 거리에서 기도를 하면서 /
그들은 대부분의 삶을 갱들의 천국에서 살며 보내지 /
(……) 우리들 대부분의 삶도 갱들의 천국에서 살며 보내지 /
나는 게토 현실에 처하게 된 거지 / 제대로 알게 됐지 /
정상적으로 살아갈 수 없어 / 거리가 날 키웠지 /
그래서 부득이 범죄조직으로 내려가게 됐어 /
TV를 너무 많이 보다 보니 그런 꿈을 좋게 된 거야

I really hate to trip but I gotta, loc /
As I grow I see myself in the pistol smoke, fool /
I'm the kinda G the little homies wanna be like /
On my knees in the night, sayin, prayers in the streetlight /
Been spendin, most their lives, livin, in the gangsta's paradise /
(…) Keep spendin, most our lives, livin, in the gangsta's paradise /
Look at the getto situation, they got me facin' /
I can't live a normal life, I was raised by the strip /
So I gotta be down with the hood team /
Too much television watchin, got me chasin, dreams

아티스트 | 쿨리오Coolio(피처링 L.V)
곡명 | 「갱들의 천국Gangsta's Paradise」
앨범 | 「갱들의 천국」
발매 연도 | 1995

샘플링해서 중간중간에 들리는 스티비 원더의 곡 「여흥의 천국Pastime Paradise」은 쿨리오의 랩과 함께 단숨에 귀를 사로잡는다. 이 곡 덕분에 베테랑 스티비 원더는 1990년대 중후반 잇따라 재조명을 받기도 했다. 또한 나중에 디제이 디오씨는 이 곡을 번안해 「깡패의 천국」이라는 노래를 부르기도 했다.

쿨리오의 노래는 거리를 배회하며 쉽게 폭력과 범죄에 노출되곤 했던 지극히 소모적인 갱스터의 삶을 되돌아보는 후회 섞인 묵상이다. 본인도 "참으로 엉망이었던 시절, 그 게토 동네의 고통을 3분 20초에 담았다"라고 했다. '내 어린 동생들이 되기를 원하는 그런 갱스터가 되어 있더라'라는 대목은 가슴 아프다.

그러한 막장의 삶에 동의할 수는 없지만 이 곡은 한편 부시 행정부 시절, 부의 불평등한 분배가 얼마나 많은 흑인들을 배제했는가를, 또 얼마나 많은 흑인 청년들이 1990년대 중후반까지 거칠고 숨 가쁘게 갱스터 라이프로 치달려 갔는지를 시사한다. 그 시절, 동생이든 형이든 정말로 많은 흑인 젊은이들이 갱스터에 가담했고 설령 그렇지 않은 사람들도 그 폭력적인 삶을 꿈꾸거나 동조했다.

chapter 15.

"음악이 있는 한
우린 다시 돌아올 거야"

Fleetwood Mac
Ricky Martin

전후 미국 최대의 호황기
클린턴 시대

레이건과 부시로 이어진 12년간의 긴 공화당 통치를 종식하기 위해 민주당 대통령 후보로 나선 아칸소 주지사 출신의 젊은 빌 클린턴은 대선 유세전에서 캠페인 송으로 1977년에 인기를 누렸던 그룹 플리트우드 맥의 히트곡 「멈추지 마Don't Stop」를 선택했다. '케네디의 재림'으로 평가될 만큼 신선함을 표방한 그답게 캠페인 송의 선곡도 적절했다.

미래에 대해 생각하는 것을 멈추지 마 /
멈추지 마, 곧 미래가 여기 다가올 거야 / 당연히 전보다 좋은 미래야 /
과거는 흘러갔어, 과거는 흘러갔어 /
왜 다가올 시대를 생각하지 않는 거야 /
이제껏 해온 건 생각하지 말라구 / 사는 게 힘들었다면 /
그저 미래만을 생각하라구
Don't stop, thinking about tomorrow / Don't stop, it'll soon be here /
It'll be better than before / Yesterday's gone, yesterday's gone /

LOS DEL RIO

Why not think about times to come /
And not about the things that you've done / If your life was bad to you /
Just think what tomorrow will do

아티스트 | 플리트우드 맥Fleetwood Mac
곡명 | 「멈추지 마Don't Stop」
앨범 | 『루머Rumours』
발매 연도 | 1977

민주당이 집권하면 다가올 미래는 밝고 희망찬 미래임을 약속하는 것이었다. 클린턴의 필승 전략은 한마디로 경제였다. 그는 공화당 부시 후보와의 대선 토론회에서 그 유명한 "바보야, 문제는 경제야It's the economy, Stupid"라는 말을 남겼다. 여론조사에서 유리한 고지를 점령하는 발판을 마련한 이 말은 레이건 정부의 경기회복 후 부시 시대에 들어와 다시 불황의 그늘에 처하게 되면서, 경제회복에 대한 기대심리가 높아진 타이밍에 미국 유권자들의 환심을 사는 데 성공했다.

정권 교체에 대한 국민적 열망이 커지면서 여론조사에서부터 크게 앞서나간 클린턴은 1992년 대선에서 예상대로 압승했다. 경기회복에 대한 기대 때문에 대통령에 당선된 것을 너무도 잘 알고 있었던 그는 첫 번째 의제로 '재정 감축'을 선언했다. 만성적인 재정적자와 무역적자를 해소해 국가 경제를 살리겠다는 것이었다.

일부 선거 공약을 어겨가면서까지 전통적인 우파의 아젠다를 취하자 여론이 악화하고 민주당 내에서도 '민주당원을 가장한 공화당원'이라며 반대했지만, 그는 부자와 중산층 증세, 저소득층 지원 예산 축소 등의 정책을 우직하게 밀어붙였다. 또한 소비경기 진작을 위해 강력한 금리인하 정책을 펴 국민 소비를 늘리고 기업이 재투자하게 하는 효과를 불러왔다.

클린턴의 경제 정책이 효력을 발휘하는 데는 오랜 시간이 걸리지 않았다. 취임 첫해에 2,900억 달러에 달한 재정적자가 차츰 줄어들기 시작해, 1996년 재선에 성공해 2기를 맞은 1998년에는 마침내 재정적자를 제로로 만드는 데 성공했다. 클린턴 행정부는 모두가 받들어 모셔야 할 역사적 과업을 이룩했다고 자랑하고 싶었다. 오죽했으면 클린턴 대통령과 고어 부통령이 함께 '0'이라고 쓴 종이를 들고 나와 상기된 표정으로 '우리는 이제 빚쟁이가 아님'을 자축하는 홍보 행사를 열기까지 했을까.

미국은 이후 재정흑자 시대를 맞아 2000년에는 2,362억 달러의 흑자를 기록했고 클린턴 퇴임 직전인 2001년에는 사상 최대인 5,390억 달러에 달할 만큼 흑자가 대폭 상승했다. 미국 역사에서는 볼 수 없었던 장기 재정흑자 시대를 이끈 것이다. 경제성장률도 전임 부시 정권의 2.1퍼센트에서 훌쩍 뛰어오른 3.9퍼센트로 고성장을 기록했다. 이는 선진국으로서는 아주 높은 수치였다. 소비자 물가상승률도 부시 대의 4.4퍼센트에서 2.6퍼센트로 떨어졌고 고용시장도 좋아지는 등 모든 경제지표가 크게 호전되었다. 호황이었다. 1960년대를 끝으로 누리지 못하던 '좋은 시절'이 마침내 돌아온 것이다.

이런 경제호황기, 그 태평 시절의 노래는 어떠했을까. 대부분이 일자리가 있고 돈이 잘 돌았던 클린턴 시대 때의 대중가요는 사회 비판의 저항성이 역력했던 부시 시대의 노래와는 달랐다. 즐겁고 낙천적인 노래들이 돌아왔다. 여기서 빌보드 연속 14주 1위라는 공전의 흥행을 기록한 두 스페인 아저씨 로스 델 리오Los Del Rio의 「마카레나Macarena」를 빼놓을 수 없다.

너의 몸을 기쁘게 해라, 마카레나 /
너의 몸은 기쁨을 주는 좋은 것이니까 말이야 /
너의 몸을 기쁘게 해라, 마카레나 / 에에 마카레나 /
(……) 마카레나는 엘 코르테 잉글레스 백화점에 가기를 꿈꾸네 /
그리고 최신 모델만 사 입지 / 그녀는 뉴욕에 살았으면 한다네 /
새 남자친구도 만났으면 한다네

Dale a tu cuerpo alegria Macarena /
Que tu cuerpo es pa' darle alegria y cosa buena /
Dale a tu cuerpo alegria, Macarena / Ehhhh, Macarena /
(……) Macarena sueña con el Corte Inglés /
Y se compra los modelos más modernos / Le gustaría vivir en Nueva York /
Y ligar un novio nuevo

아티스트 ｜ 로스 델 리오Los Del Rio
곡명 ｜ 「마카레나Macarena」
앨범 ｜ 『피에스타 마카레나Fiesta Macarena』
발매 연도 ｜ 1995(미국)

　정말 백화점에서 가서 최신 모델을 사는 여유에다 희희낙락하는 태평성대. 이 정도면 1960년대 루이 암스트롱의 노래 「이 얼마나 멋진 세상인가」가 부럽지 않다. 그 발라드처럼 무지개가 하늘에 떠 있고 지나가는 사람들의 얼굴에도 떠 있는 '정적인' 아름다운 세상이 아니라 흥겨운 비트로 '몸을 기쁘게 하라'라며 춤을 부추기는 '동적인' 세상이니 거의 극락極樂이다. 실제로 전 세계에 대대적인 마카레나 춤 열풍이 불었다.

즐거운 세상을 노래한 마카레나

클린턴 재선을 돕다

마침 미국에서 마카레나 노래와 춤 열풍이 불었던 시점은 클린턴 대통령의 재선을 준비하는 민주당 전당대회가 열리던 때였다. 지금이 얼마나 좋은 시절인가를 강조하려고 민주당 측은 행사장에서 줄기차게 「마카레나」를 틀어댔다.

로스 델 리오는 「마카레나」가 클린턴 재선에 도움이 됐다고 주장한다. "클린턴 미국 대통령이 1996년 선거에서 승리한 요인 중의 하나가 「마카레나」다. 클린턴은 선거 유세 기간 중 군중 집회에서 마카레나 춤을 여러 번 추었는데 이게 라틴계 사람들에게 좋은 인상을 남겨 표를 많이 얻었다고 생각한다."

미국은 전후 최대의 경제 호황, 그것도 장기 호황을 누리고 있었다. 자랑하고 싶어 안달이 난 클린턴 정부는 "모든 게 잘 굴러간 1960년대의 저 좋았던 시절Go-go days로 돌아갔다!"라고 떠벌렸다. 아닌 게 아니라 지금도 1990년대는 경제 측면에서 어쩌면 다시는 없을지 모르는 '전설의 10년'으로 통한다. 유례없는 호황 덕분에 그는 민주당 대통령으로서는 루스벨트 이후 처음으로 재선에 성공했다.

2기 재임 시 백악관의 인턴이었던 모니카 르윈스키와 저지른 불륜과 '화이트워터' 뇌물수수 사건 등 숱한 스캔들은 클린턴의 이미지에 먹칠을 했지만 경제를 살린 덕에 대통령에서 물러나던 해에도 지지율이 66퍼센트에 이를 정도로 인기가 높았다. 역시 백성은 '등 따시고 배부르게' 해줘야 하는 것일까.

클린턴이 백악관에서 색소폰을 부는 유명한 사진은
'문화 대통령'의 이미지를 한껏 부풀렸다.

문화 대통령의 시대
음반 산업 활황기

클린턴은 경제대통령만이 아니었다. 그는 대선에서 플리트우드 맥의 팝송을 쓰고, 취임식에 많은 대중가수를 초청한 데서 알 수 있듯 대중문화에 대해 생래적 호감을 지닌 인물이었다. 그가 백악관에서 색소폰을 부는 유명한 사진은 '문화대통령'의 이미지를 한껏 부풀렸다. 사실 그는 미국 역대 대통령 가운데 1960년대 록과 팝의 세례를 받은 '베이비붐 세대' 출신의 첫 번째 대통령이었다.

경제문제를 해결하고 문화를 이해하는 젊은 대통령의 시대에 음반 산업도 활발했다. 그가 취임한 1993년은 록 밴드 너바나와 펄 잼의 앨범이 각각 600만 장, 700만 장의 판매고를 올려 얼터너티브 록의 전성기가 시작된 해다. 1996년까지 웬만한 밴드의 앨범도 다 밀리언셀러가 됐다.

여기에다 보이즈 투 멘Boyz II Men으로 대표되는 알앤비R&B 시장이 폭발했고 머라이어 캐리, 휘트니 휴스턴, 셀린 디온, 토니 브랙스톤이 주도한 여가수, 이른바 디바들의 앨범들 역시 엄청나게 팔려나갔다. 랩과 힙합 분야도 갱스터 랩이 떠오르면서 강한 시장 파괴력을 행사했고 랩 음악의 기세는 2000년대 들어가서도 여전했다.

"그녀는 새로운 흥분에 빠져 있어"
긍정과 낙관의 상업적 노래들

하지만 1996년 서부 랩의 영웅 투팍이 의문의 암살을 당하고 6개월이 채 지나지 않아 동부 랩의 슈퍼스타 노토리어스 비아이지Notorious B.I.G.도 갱단에 피살되는 비극이 터진 뒤 갱스터 랩의 힘은 현저히 떨어졌다. 경제 호황기를 맞았기 때문인지 1990년대 후반으로 갈수록 랩이든 록이든 저항 기조가 퇴색한 것은 당대를 특징짓는 흐름 가운데 하나였다.

랩부터가 특유의 저항적 열변보다는 프로듀서의 기술과 기획력이 중시되는 상업성 강한 흐름이 주도했다. 얼터너티브 록과 갱스터 랩이 부시 시대를 수놓은 안티 문화의 산물이었음을 감안할 때 그러한 저항성의 음악은 클린턴 집권기의 호황을 맞아 서서히 그 힘을 상실해갔다고 풀이할 수 있을 것이다.

대신 풍요로운 시대답게 음반 시장은 제각각 나름의 장악력을 자랑하며 다양한 장르들의 음악들로 넘쳐났다. 얼터너티브 록, 갱스터 랩, 디바 팝, 알앤비 외에 1990년대 중후반에 이르러서는 영국 그룹 프로디지Prodigy를 필두로 한 '테크노' 혹은 '일렉트로니카'가 시장의 새로운 희망으로 떠올랐고 「마카레나」를 시작으로 세기말에는 라틴 팝이 급부상했다.

그녀는 새로운 흥분에 빠져 있어 / 촛불 곁의 새로운 자극 /
그녀는 새로 중독된 것도 있어 / 매일 밤낮으로 말이야 /
그녀는 당신이 옷을 벗게 만들 거야 /
그리고 빗속에서 춤추게 만들 거고 /
그녀는 당신이 광적인 삶을 살게 할 거야 /

하지만 그녀가 당신의 고통을 덜어주겠지 /
마치 당신 머리를 향한 총알처럼 말이야
She's into new sensations / New kicks in the candlelight /
She's got new addictions / For every day and night /
She'll make you take your clothes off /
And go dancing in the rain / She'll make you live her crazy life /
But she'll take away your pain / Like a bullet to your brain

아티스트 ┃ 리키 마틴Ricky Martin
곡명 ┃ 「미친 삶을 살며Livin' La Vida Loca」
앨범 ┃ 「리키 마틴」
발매 연도 ┃ 1999

푸에르토리코 출신 리키 마틴Ricky Martin은 한때 엘비스 프레
슬리와 비교될 만큼 큰 인기를 누렸고 제니퍼 로페즈, 마크 앤
서니, 엔리케 이글레시아스, 샤키라 등의 라틴 팝 스타들이 잇
따라 출현해 언론과 전파를 잠식했다. 그 와중에 라틴 기타의
베테랑 산타나가 컴백해 「스무드Smooth」로 대박을 터뜨리기도
했다. 가시 돋친 분노와 불평으로 가득했던 1980년대 후반과
1990년대 전반에는 볼 수 없는 긍정과 낙관의 상업적인 노래
들이었다.

음반 산업도 이것이 마지막 전성기였다. 대학생 숀 패닝Shawn
Fanning이 만든 냅스터Napster라는 MP3 파일 공유·교환 서비스
로 음반 시장이 타격을 입기 시작했던 세기말에도 음반 업계는
'최후의 음반 소비층'이라는 10대를 겨냥한 아이돌 음악을 갖고
나와 추락의 어려움을 극복해나갔다. 그 면면은 치열한 라이벌
전을 벌인 백스트리트 보이즈와 엔 싱크, 그리고 브리트니 스피
어스와 크리스티나 아길레라였다.

경제가 풍년일 때는 역사적으로 갖가지 종류의 음악이 쏟아져 나와 장르가 다양해진다. 비틀스와 롤링 스톤스, 밥 딜런, 몽키스, 아레사 프랭클린, 지미 헨드릭스, 시카고, 레드 제플린이 등장해 록, 포크, 블루스, 소울, 아이돌 음악, 브라스 록, 헤비메탈 등 수많은 장르의 음악이 쟁패했던 1960년대가 그랬다.

백스트리트 보이즈와 엔싱크, 브리트니 스피어스와 크리스티나 아길레라의 부상은 클린턴 장기 호황 시절의 정점에서 이뤄졌기 때문에 10대 음악에 대한 전통적인 멸시와 음반 시장의 쇠락 기미에도 불구하고 파장이 만만치 않았다. 아마도 이러한 '키드' 음악은 불경기였던 1990년대 초반에는 나올 수 없을 것이고 설령 나왔어도 참패를 면치 못했을 것이다.

내가 오리지널인가, 예 / 내가 유일한 인물인가, 예 /
내가 섹시한가, 예 / 내가 당신이 필요로 하는 모든 것인가 /
자 이제 몸을 굴리라구 / 모두들, 몸을 흔들라구 /
우리 백스트리트 보이즈가 돌아왔어요 /
모든 이들이 모든 곳에서 / 겁내지 말구 두려워하지도 말구 /
내가 세상에 말할 거야 이해시킬 거야 /
음악이 있는 한 우리는 다시 돌아올 거라구
Am I original? yeah / Am I the only one? yeah / Am I sexual? yeah /
Am I everything you need? / You better rock your body now /
Everybody yeah / Rock your body yeah / Backstreet's back alright, alright /
So everybody, everywhere / Don't be afraid, don't have no fear /
I'm gonna tell the world, make you understand /
As long as there'll be music, we'll be coming back again

아티스트 ┃ 백스트리트 보이즈Backstreet Boys
곡명 ┃ 「에브리바디(백스트리트가 돌아왔다)Everybody(Backstreet's Back)」
앨범 ┃ 「백스트리트가 돌아왔다」
발매 연도 ┃ 1997

백스트리트 보이즈의 멤버 닉 카터는 『롤링스톤』과의 인터뷰에서 이렇게 말했다. "우리가 첫 앨범을 냈을 때 스눕 도기 독은 굉장했다. 너바나는 정말로 굉장할 때였고. 우리는 순환의 잘못된 국면에 있었다." 스눕 도기 독은 갱스터 랩, 너바나는 얼터너티브 록의 화신이다. 가사보다는 댄스와 이미지가 우선하는 아이돌 그룹 백스트리트 보이즈의 히트곡은 '순환의 제대로 된 국면'인 1997년에야 터지기 시작했다.

'백스트리트가 돌아오다'라는 부제가 달린 위의 곡도 1998년에 밀리언셀러를 기록했고 1999년에 발표한 그들의 세 번째 앨범 『밀레니엄』은 한 해에 1,100만 장의 판매 그래프를 그리는 신기록을 달성했다. 1981년생 브리트니 스피어스가 열여덟 살에 발표한 첫 앨범 『베이비 원 모어 타임』은 틴에이지 여가수의 음반은 잘 팔리지 않는다는 전례를 깨고 지금까지 세계적으로 3,000만 장이 팔리는 흥행 대박을 쳤다. 음반의 마지막 전성기였다. 그것은 클린턴 정부의 경제 활황기(이자 지금까지는 마지막인 호경기) 속에서 누린 것이었다.

chapter 16

"화를 내며 돌아보지 마"

Oasis
Spice Girls

일어선 영국 경제, 브릿팝과 동행하다

대처 수상에 이은 영국의 존 메이저 내각John Major, 재임 1992-97은 큰 틀에서 대처리즘의 신자유주의 정책을 유지했지만 출범 시 경제 상황은 그리 좋지 못했다. 높은 인플레이션에 시달리고 실업률도 높은 경기침체기였다. 메이저 총리는 그럼에도 대처도 반대했던 것으로 알려진 철도 민영화로 산업 경쟁력 제고에 박차를 가했고 금리도 낮은 수준으로 묶었다.

메이저 정권은 인플레이션 해결 방법으로 1990년 유럽연합의 전신인 유럽 환율조정기구ERM에 가입했다. 하지만 1992년 9월 16일에 터진 그 유명한 '검은 수요일Black Wednesday' 사건, 즉 영국의 금융당국이 조지 소로스라는 국제 환투기꾼에게 항복한 영국 경제사의 치욕적인 사건으로 결국은 ERM에서 도망치듯 탈퇴했다.

결국 파운드화의 가치를 보호하려는 데서 나타난 이러한 지그재그 행보는 존 메이저 정부의 경제 신뢰도를 안팎으로 심하

OASIS

게 떨어뜨렸지만 유동적인 환율 정책, 낮은 금리, 파운드화 평가절하 등으로 경제는 부분적으로 회복되기 시작했다. 유럽 및 해외 시장에서 영국 상품에 대한 수요가 늘었기 때문이다.

출범 전의 경기후퇴는 메이저 정권이 1992년 총선에서 승리한 이듬해 4월에는 공식적으로 종료되었고 경제는 0.2퍼센트 흑자 성장으로 돌아섰다. 실업률도 하락해 1993년에는 300만 명이었던 실업자들이, 그가 사임한 1997년에는 170만 명으로 눈에 띄게 줄었다. 때문에 존 메이저 내각 시기에 이미 '영국 번영'이라는 표현이 인구에 회자되었다.

경제 환경의 현저한 개선이라는 이러한 위업에도 불구하고 존 메이저 보수당 정부는 걸프전, 메이저 총리의 우유부단한 정책결정력 그리고 각료들의 잦은 스캔들로 인해 집권 내내 지지율이 형편없었다. 대중적 인기의 대세는 1994년에 이미 '제3의 길'을 표방한 마흔한 살의 새파랗게 젊은 토니 블레어Tony Blair, 재임 1997~2007가 이끄는 노동당으로 넘어가 있었다.

토니 블레어가 기치로 내건 신노동당New Labour은 노동당의 기존 좌파적 이미지와 인연을 끊고 오히려 신자유주의 대처리즘 정책을 상당 부분 수용하는 우파적 정책으로 어필했고 마침내 1997년 총선에서 영국 정치사에서 기념비적인 압도적 의석수를 확보하며 승리했다. 지긋지긋한 보수당 통치 18년의 역사를 끝낸 것이다. 집권 때 토니 블레어의 지지율은 무려 83퍼센트를 상회했다.

그가 기존 노동당의 분배 중심 정책에서 벗어나, 시장경제 중심의 친기업적인 정책을 편 결과일까. 영국은 경제성장률이 3퍼센트에 가까울 정도의 호황을 맞았다. 이는 유럽 국가들 가운데 가장 높은 수치였다. 영국은 드디어 번영의 시절을 맞았다. 토니 블레어는 이 호시절을 최대한 이용했다. 실제로 그는 집권 이전부터 '수정사회민주주의' '가짜 노동당'이라는 비판에 아랑곳하지 않고 옥스퍼드 대학 출신의 젊은 자신과 새 시대에 걸맞은 국가 이미지 부각에 골몰했다.

'낡은 영국'과 작별하는 국가 브랜드의 개조! 취임 연설에서도 블레어는 '영국의 새로운 시작'을 강조했다. 그러기 위해선 '활기차고 멋지고 세련된 영국'이어야 했다. 대서양 저편 미국의 클린턴 대통령처럼 지극히 친親대중문화적인 그는 대중문화에서 이 이미지를 찾았다. 때마침 1990년대 중반부터 전 세계적으로 영국 대중문화의 바람이 일었다.

돌이켜 보면 토니 블레어는 운이 좋았다. 소설 『해리 포터』 시리즈, 어린이 TV 프로그램 「텔레토비」가 전 세계적으로 대박 흥행을 터뜨리고 있었고 무엇보다 전통적으로 강세인 대중음악 부문에서 브릿팝이 잔뜩 물이 오른 시점이었다. 미국의 얼터너티브 록과 대비된 브릿팝은 요즘 말로 좀 더 '시크하고 엣지한 구석'이 있었다. 밴드가 주를 이룬 이 브릿팝의 국가대표 격 존재가 미국에서도 대성공을 거둔 오아시스였다.

맨체스터의 노동계급 출신인 이 그룹의 축인 노엘 갤러거와 리엄 갤러거 형제는 공개적으로 토니 블레어의 노동당을 지지했다. 총선에서 압승했을 때 오아시스는 코가 삐뚤어질 만큼 질펀한 기념 음주 파티를 벌였다고 한다. 노동당도 만찬에 오아시스를 초대하는 등 그들과 긴밀하고 각별한 사이를 유지했다. 이랬으니 오아시스 하면 토니 블레어가 떠오를 지경이었다. 오죽했으면 노엘 갤러거가 이런 말을 했을까.

노동당이 총선에서 압승했을 때 오아시스는 코가 삐뚤어질 만큼
질펀한 기념 음주파티를 벌였다고 한다. 노동당도 만찬에 오아시스를 초대하는 등
그들과 긴밀하고 각별한 사이를 유지했다.
이랬으니 오아시스 하면 토니 블레어가 떠오를 지경이었다.

"토니 블레어와 우리를 지나치게 연관 짓는 면이 있다. 물론 나는 노동당에 투표를 했고 사람들이 왜 그래야 하는지 물으면 그 이유도 설명하곤 했다. 그랬더니 갑자기 언론은 나를 마치 노동당의 새 대변인 격으로 취급하는 것이었다. 웃기는 일이었다."

하지만 결코 웃기는 일이 아니었다. 누구든 신노동당과 오아시스를 등식화했다.

오아시스의 명곡 「화내며 돌아보지 마Don't Look Back in Anger」는 한편으로 토니 블레어의 번영기를 간접적으로 확인할 수 있는 곡이다. 1960년대 유럽을 휩쓴 '화내며 돌아봐!'라는 청춘의 분노를 완전히 뒤엎은 제목의 이 곡은 별로 특별한 메시지를 담고 있지 않다. 좋은 시절의 대중가요는 확실히 가볍고 탈脫정치적인 성향을 보인다.

그대가 나를 보고 아는 척 우쭐댄다 말했기에 /
난 잠자리에서 혁명을 시작했지 /
밖으로 나와, 꽃이 만발한 여름이야 / 모닥불 옆에 서봐 /
그런 표정은 짓지 마 / 그대는 내게 절대 상처 주지 않을 거잖아 /
샐리는 기다릴 테지 /
함께 걸어가기엔 그녀도 너무 늦었다는 걸 알지만 /
그녀의 영혼이 떠나버려 / "하지만 화를 내며 돌아보지 마"라고 /
그대가 말하는 것을 들었어
So I start a revolution from my bed /
'Cause you said the brains I had went to my head /
Step outside, the summertime's in bloom / Stand up beside the fireplace /
Take that look from off your face / You ain't ever gonna burn my heart out /
So Sally can wait / She knows it's too late as we're walking on by /
Her soul slides away / "But don't look back in anger" / I heard you say

아티스트 | 오아시스Oasis
곡명 | 「화내며 돌아보지 마Don't Look Back in Anger」
앨범 | 「모닝 글로리(가 무슨 이야기지?)(What's the Story) Morning Glory?」
발매 연도 | 1996

직선적인 로큰롤에다가 1960년대의 비틀스를 닮은 친근한 음악도 오아시스의 강점이었지만 타블로이드 신문을 뒤덮은 리엄과 노엘 두 형제의 노골적인 반목과 상호 비방 또한 그들이 인기를 얻는 데 일조했다. 막돼먹은 느낌보다는 마치 영국의 자유로움과 호방함을 풍기는 멋쯤으로 여겨진 것이다. 사람들은 오아시스를, 브릿팝을 쿨하다고 생각했다. 토니 블레어가 박수를 칠 만한 일이었다. 영국의 평론가 파올로 휴잇은 1997년 『모조』와의 인터뷰에서 목소리를 높였다.

"토니 블레어가 수상이 되어 보수당을 몰아내고 지금 이 순간 나오고 있는 음악과 더불어 훨씬 더 많은 영국인들이 이런 생각을 하게 되었다고 본다. 예, 우리는 괜찮은 사람들이라고, 우리는 창의적인 사람들이고 우리는 해낼 수 있다고!"

오아시스의 매니저였고 레이블 크리에이션의 대표이자 청년층의 리더였던 앨런 맥기Alan McGee의 말 또한 그 당시 브릿팝이 영국의 국가 이미지에 어떤 영향을 미쳤는지 생생하게 전해준다.

"지금 영국은 위대하다. 패션도 부흥하고 훌륭한 영화감독도 있고 비록 이탈리아 선수들로 가득해도 첼시 팀의 인기가 하늘로 치솟으며 축구도 부활하고 있다. 음악은 더더욱 위대하다. 거대한 인기의 그룹들을 보라. 스파이스 걸스는 막강하다! 라디오헤드는 막강하다! 오아시스는 막강하다!"

"얼마나 멋지고 세련된 영국인가!"
쿨 브리태니아 열풍

오아시스와 라디오헤드의 브릿팝이 청년 세대를 중심으로 퍼져 나갔다면 앨런 맥기가 들먹인 스파이스 걸스는 10대 그리고 어른들까지도 지지층으로 포섭해 세대를 훌쩍 뛰어넘어 인기를 누린 가수였다. 이들은 단순한 히트 수준이 아닌 현상이라 할 만큼 열풍을 불러왔다. 멜 비, 멜 씨, 에마, 빅토리아, 제리 등 다섯 양념 소녀들의 이름은 비틀스의 존, 폴, 조지, 링고 이후 가장 친숙한 이름이 됐다는 평가를 받았다.

타블로이드 신문은 1997년 내내 이들의 일거수일투족에 매달렸다. 「워너비Wannabe」와 「네가 거기 있을 거라고 말해줘Say You'll Be There」 「둘이 하나로2 Become 1」 등 스파이스 걸스가 발표하는 곡은 모조리 밀리언셀러를 기록했다. 그들이 세계 음악 시장을 정복한 1997년은 토니 블레어 시대의 개막과 그 시점이 정확히 일치했다. 그들의 노래는 명랑함 그 자체였다.

그대가 내 미래를 원한다면 내 과거는 잊어줘요 /
나랑 잘 지내고 싶다면 더 빨리 표현해줘 /
내 귀중한 시간을 낭비하지 말아달라고 /
행동으로 보여줘. 우린 함께라면 정말 잘 맞을거야 /
내가 정말 원하는 것을 말해줄거야 /
그러니 너도 네가 정말로 원하는 게 뭔지 말해 / 난 뭘 원하는가 하면 /
난 말이야 진정으로, 진정으로 지그재그 사랑을 하고 싶어 /
나의 연인이 되고자 한다면 / 넌 내 친구들과도 잘 지내야 해 /
끝까지 잘 지내야 해, 우정은 절대 끝나지 않으니까 /
내 사랑이 되고 싶다면 너는 받기만 하는 게 아니라 줘야 해 /

스파이스 걸스의 출현은 '쿨 브리태니아'라는 영국의 새 이미지를 만드는
흐름에 불을 질렀다. 특히 스파이스 걸스의 멤버 제리 할리웰이 영국 국기,
즉 유니온잭 무늬의 옷을 입고 나온 것이 결정타였다.
영국에 모처럼 애국주의 열풍이 야기되었다.

받는 건 쉬우니까, 다 그렇잖아

If you want my future, forget my past /
If you wanna get with me, better make it fast /
Now don't go wasting my precious time /
Get your act together we could be just fine /
I'll tell you what I want, what I really, really want /
So tell me what you want, what you really, really want /
I wanna, (ha) I wanna, (ha) I wanna, (ha) I wanna, (ha) /
I wanna really, really, really wanna zigazig ah' /
If you wanna be my lover, you gotta get with my friends /
Make it last forever, friendship never ends /
If you wanna be my lover, you have got to give /
Taking is too easy, but that's the way it is

아티스트 | 스파이스 걸스Spice Girls
곡명 | 「워너비Wannabe」
앨범 | 「스파이스Spice」
발매 연도 | 1996

　　치기 어린 사춘기의 우정을 노래하고 있지만 스파이스 걸스
의 발랄하고 젊고 쿨한 매력은 18년의 보수당 통치를 종식시
킨 토니 블레어 신노동당의 입장에서는 구미가 당기는 것이었
다. 토니 블레어는 「네가 거기 있을 거라고 말해줘」를 자신이
좋아하는 곡으로 꼽기도 했고 스파이스 걸스의 멤버 이름을
셋이나 대기까지 했다(물론 스파이스 걸스의 멤버들이 노동당 지지
자들은 아니었다).

　　누가 부르기 시작했는지 몰라도 여기서 '쿨 브리태니아Cool
Britannia', 즉 '멋진 영국'이란 신조어가 등장했다. 토니 블레어가
임명한 문화부 장관 크리스 스미스는 동성애자로서 아예 '쿨 브
리태니아'라는 캐치프레이즈를 내걸고 문화진흥 정책을 꾸렸
다. 지구촌 젊은이들이 영국을 '쿨한 나라'로 다시 보기 시작했

고 너도나도 영국으로의 유학을 꿈꾸었다. 이때부터 뚜렷하게 청년 세대들 사이에 미국의 팝 음악보다는 영국의 팝 음악에 더 감성적으로 끌리는 경향이 나타났다.

스파이스 걸스의 출현은 이 '쿨 브리태니아'라는 영국의 새 이미지를 만드는 (리브랜딩) 흐름에 불을 질렀다. 특히 영국의 그래미상인 '브릿 어워즈'에서 스파이스 걸스의 멤버 제리 할리웰 Geri Halliwell이 영국 국기, 즉 유니온잭 무늬의 옷을 입고 나온 것이 결정타였다. 영국에 모처럼 애국주의 열풍이 불었다. 이후 제리 할리웰은 공연마다 영국 국기를 디자인한 의상을 입고 나왔고 '쿨 브리태니아'의 상징이 된 그녀의 유니온잭 의상은 나중에 자선 경매에서 4만1,000파운드에 낙찰되는 신기록을 수립했다.

이에 영향을 받았는지 클린턴 시대 미국의 팝 스타 브리트니 스피어스도 2000년 5월 『롤링스톤』의 표지를 촬영하면서 성조기로 디자인한 옷을 입기도 했다. 토니 블레어 시대에 대중음악의 강국 영국은 1960년대와 1970년대 이후 수십 년 만에 글로벌 대중문화 분야를 이끄는 기염을 토했다. 부분적으로 그것은 영국 현대사에서 가장 길었던 호황 경제 덕분이었다.

chapter 17

"부서진 꿈의 거리를 나 홀로 걷는다!"

Green Day
Psy
Bruce Springsteen

세계 경제위기, 사람들이 화났다

최초로 부자父子 대통령의 신화를 만들어낸 아들 조지 부시가 2001년 대통령에 취임했을 때 미국 경제, 아니 세계 경제는 IT산업, 이른바 닷컴 '거품'의 붕괴로 클린턴 정부의 호시절이 끝나고 침체로 접어든 상황이었다. 이때부터 언론에는 '거품 경제'라는 말이 상용화되었다. 게다가 부시 행정부를 흔들어놓은 9.11 테러 사건은 경제에도 악영향을 미쳤다. 테러와의 전쟁을 치르느라 국방 예산이 늘어나면서 클린턴 정부 때 겨우 흑자로 돌려놓은 국가 재정이 다시 적자로 돌아선 것이다.

2000년 5조6,000억 달러였던 국가채무가 부시 통치 아래 8년이 지난 2008년에는 11조3,000억 달러로 무려 100퍼센트나 증가했다. 부자 감세에 따른 세수 축소 또한 재정 악화를 거들었다. 시간이 흐르면서 전쟁에 대한 피로감이 늘어났다. 피로감 정도가 아니라 일각에서는 "미국이 왜 이런 전쟁을 해야 하는가?"라는 근본적 회의가 제기됐다.

GREEN DAY

이름부터 좌파적인 밴드 '시스템 오브 어 다운System of a Down'('혐오의 시스템'이란 의미)은 2005년 「비와이오비B.Y.O.B.」(B.Y.O.B.는 'Bring Your Own Bomb'의 머리글자를 딴 것)라는 곡을 통해 분통을 터뜨리기도 했다.

넌 도대체 어디 있는 거야 / 왜 대통령이 싸우지 않는 거야 /
왜 항상 가난한 사람만 전쟁터에 보내냐구
Where the fuck are you? / Why don't presidents fight the war? /
Why do they always send the poor?

아티스트 ⏐ 시스템 오브 어 다운System of a Down
곡명 ⏐ 「비와이오비B.Y.O.B.」
앨범 ⏐ 『메즈머라이즈Mezmerize』
발매 연도 ⏐ 2005

그동안 경제적으로 피폐한 상황이 계속되고 실업률이 증가했다. 많은 사람들이 '경제가 차츰 안정될 것'이라고 하는 경제 관료들의 말을 믿지 않았다. 그들 입에서 '꿈과 희망' 운운하는 것부터 웃기는 일로 여겨졌다. 1990년대 중반 펑크 록으로 부상한 밴드 그린 데이는 2004년에 「부서진 꿈의 대로Boulevard of Broken Dreams」를 불렀다. 이 곡은 그들이 록 오페라로 구성한 앨범 『아메리칸 이디엇American Idiots』에 수록되어 있다(이 앨범은 나중 브로드웨이 뮤지컬로 만들어져 2013년 내한공연이 이뤄지기도 했다).

나는 이 외로운 길을 걸어요 / 내가 아는 유일한 길이죠 /
어디로 향하는지는 몰라요 /
하지만 나한테는 집이고 나는 홀로 걷는답니다 /
텅 비어 있는 이 길을 걷지요 / 부서진 꿈의 대로를 /
도시의 꿈이 잠든 곳이죠 / 나는 혼자이고 홀로 이 대로를 걸어요 /

"나는 텅 비어 있는 이 길을 걷지요 / 부서진 꿈의 대로를 /
도시의 꿈이 잠든 곳이죠 / 나는 혼자이고 홀로 이 대로를 걸어요."

「부서진 꿈의 대로」에서

내 그림자는 유일하게 내 곁을 따라 걷는 동반자고 /
내 공허한 심장은 유일하게 뛰는 것이죠 /
때때로 누군가가 나를 찾아주기를 바란답니다 /
그때까지 여전히 나는 홀로 걷고 있지요

I walk a lonely road / The only one that I have ever known /
Don't know where it goes / But it's home to me and I walk alone /
I walk this empty street / On the boulevard of broken dreams /
Where the city sleeps / And I'm the only one and I walk alone / I walk alone /
(……) My shadow's only one that walks beside me /
My shallow heart's the only thing that's beating /
Sometimes I wish someone out there will find me / 'Til then I walk alone

아티스트 ǀ 그린 데이Green Day
곡명 ǀ 「부서진 꿈의 대로Boulevard of Broken Dreams」
앨범 ǀ 「아메리칸 이디엇American Idiot」
발매 연도 ǀ 2004

여기서 말하는 드림, 즉 꿈은 말할 것도 없이 미국적 가치의
근간인 바로 그 고색창연한 '아메리칸 드림'이다. 아메리칸 드
림의 상실은 이미 1970년대부터 대중문화의 단골 소재로 등
장해왔고 강력한 뉴 메탈 밴드 레이지 어게인스트 더 머신Rage
Against The Machine도 아버지 부시 대통령 시대의 말기인 1992년
늦가을에 내놓은 「네 적을 알라Know Your Enemy」에서 그것을 건드
린 바 있다.

이제 난 참을 수 없어 / 자기만족이 너무 지겹다구 /
이제는 참을 수 없어 / 이제 자기만족에 질려버렸다구 /
바로 너한테 질린 거야 / 이제 갚아줄 시간이 왔어 / 너의 적을 알라구 /
어서 / 그래 난 나의 적을 알아 /
그들은 바로 나와 싸우도록 가르친 선생들이지 /

타협, 순응, 동화, 복종을 / 무지, 위선, 잔인성, 엘리트주의를 말이야 /
그 모든 게 아메리칸 드림이라는 거야 /
그 모든 게 아메리칸 드림이라는 거라구

Now I got no patience / So sick of complacence / Now I got no patience /
So sick of complacence now / Sick of sick of sick of sick of you /
Time has come to pay! / Know your enemy! / Come on! /
Yes I know my enemies / They're the teachers who taught me to fight me /
Compromise, conformity, assimilation, submission /
Ignorance, hypocrisy, brutality, the elite / All of which are American dreams /
All of which are American dreams

아티스트 ㅣ 레이지 어게인스트 더 머신Rage against the Machine
곡명 ㅣ 「네 적을 알라Know Your Enemy」
앨범 ㅣ 「레이지 어게인스트 더 머신」
발매 연도 ㅣ 1992

「부서진 꿈의 대로」를 발표한 뒤 5년이 흐른 2009년에 그린
데이는 레이지 어게인스트 더 머신의 「네 적을 알라」와 같은 제
목의 곡을 발표했다. 그들이 바라보는 현실은 「부서진 꿈의 대
로」에서 피력한 꿈의 상실을 넘어 가만히 앉아 살기에는 도저
히 참을 수 없는 수준으로 악화되었다. 그들은 분노의 대명사
인 레이지 어게인스트 더 머신보다 더 잔뜩 화가 났다. 우리를
이렇게 고달프게 만든 적敵을 아는 단계를 넘어 격파해야 한다
는 것! 그들은 체제전복을 주창한다.

폭력은 우리의 힘이야 / 적들에게 서앙하는 / 폭력은 우리의 에너지지 /
분노를 터뜨리는 거야 / 보병 합창단이 되어 /
복종의 명예를 거스르는 반역을 저지르는 거야 /
우상화된 것을 전복하라 / 다수의 힘을 모아 /
통제권을 가진 자들을 몰락시키는 거야 / 침묵은 적이야 /

우리는 급박해 / 그러니 영혼의 악마들을 결집시켜야 해
Violence is an energy / Against the enemy / Violence is an energy /
Bringing on the fury / The choir infantry / Revolt against the honor to obey /
Overthrow the effigy / The vast majority /
Burning down the foreman of control / Silence is the enemy /
Against your urgency / So rally up the demons of your soul

아티스트 ┃ 그린 데이Green Day
곡명 ┃ 「네 적을 알라Know Your Enemy」
앨범 ┃ 『21세기의 실패21st Century Breakdown』
발매 연도 ┃ 2009

그들이 항거의 깃발을 휘날릴 당시의 경제적 악재는 한두 가지가 아니었다. 아프가니스탄과 이라크 전쟁 이후 국제 유가는 치솟았고 금리 인하에 따라 과열된 부동산 경기의 거품이 걷히면서 2008년에는 지구촌을 경악시킨 금융위기, 서브프라임 모기지론 사태가 발발했다. 더 이상 월가를 믿지 못하게 된 미국인들이 그해 가장 많이 검색한 뉴스는 '경제'였다.

클린턴 대통령 시기의 경제 활력은 언제 있기라도 했느냐는 듯 사라졌다. 잠깐 떨어지는 것 같던 실업률부터 부시 집권 후반 시점인 2008년에 와서는 7.2퍼센트로 다시 고공비행했다. 그해 말에는 미국 역사상 최대인 260만 개의 일자리가 날아갔다. 자영업은 붕괴했다. 전 세계 상당수 나라에서 은행에서 대출을 받아 집을 산 서민들과 사업체를 운영하던 사람들이 빚더미에 올랐다.

그런 가운데에도 빈부 격차와 부의 편중은 날이 갈수록 심화되었다. 사람들은 이제 유대 상술이 일러준 대로 '78대 22'의 법칙이 존재하지 않는다는 것을 알았다. 빈부 분할이 '8대

2' '9대 1'도 아닌 '99대 1'이라는 사실을 깨우쳤다. 승자독식에 의한 극심한 빈부 격차에 대한 분노는 마침내 2011년 월 스트리트를 점령한 '월가 시위Occupy Wall Street'로 폭발했다. 시위대의 슬로건이 "우리는 99퍼센트다!We are 99percent!"였다. SNS에 의해 미국 전역으로 확산된 이 시위는 비록 73일 만에 막을 내렸지만 경제 불평등에 대한 인식과 그것을 키운 금융산업에 대한 불신은 꺼지지 않은 불씨를 남겼다.

글로벌 센세이션, 싸이 「강남 스타일」

"불황이 대박 인기곡을 만든다!"

누구나 부의 쏠림 현상을 깨닫고, 경제 전문가들은 "대공황 이후 최악의 경제위기"라고 비관적인 진단을 잇따라 내놓고 있던 때에 '글로벌 센세이션'을 일으킨 싸이의 「강남 스타일」 열풍이 터졌다. 흥겨운 말춤과 한국 여성의 매력적 자태를 담아낸 「강남 스타일」은 유튜브에서 지금까지 가장 많이 본 동영상으로 등극했고 유튜브를 통해 세상을 바라보는 문화가 퍼지는 데 일조했다. 게다가 확산일로에 있던 케이팝K-Pop도 날개를 달았다.

세계적으로 경제 한파가 몰아치고 있던 시점에 「강남 스타일」이 대박났다는 것은 얼핏 보면 하나의 아이러니, 역설이다. 『파이낸셜 타임스』의 아시아 지역 편집자 데이비드 필링도 그 역설에 주목했다. 그는 싸이의 「강남 스타일」 열풍의 이면에는 '한국의 경제적 불평등'이라는 현실이 존재한다고 강조했다.

"부유한 한국, 존재론적 불안에 빠지다"라는 제목의 논설에서 그는 "많은 사람들이 「강남 스타일」의 뮤직비디오에서 한국의 화려한 모습에 놀라고 있지만 정작 한국인들은 고통스런 현실을 겪고 있다"라고 그 아이러니를 설명했다. 재벌이 돈을 쓸어 담고 있는 가운데 격무에 시달리는 한국의 노동자들은 경제적 고통과 사회적 압박에 시달리고 있다는 것이다.

결국 차가운 현실에 눌린 사람들이 그 고통을 잊을 수 있는 위안과 쾌락을 찾게 되면서 그것이 「강남 스타일」의 초대형 열풍으로 터졌다고 할까. 싸이 스스로도 "한국 사람들이 너무 피곤에 지쳐 있고, 날씨도 무덥고, 경제도 어렵고, 지갑도 얇아져서 사람들을 더 즐겁게 해주자는 뜻으로 이 노래를 만들었다"라고 했다.

나는 사나이 / 점잖아 보이지만 놀 땐 노는 사나이 /
때가 되면 완전 미쳐버리는 사나이 /
근육보다 사상이 울퉁불퉁한 사나이 / 그런 사나이 /
아름다워 사랑스러워 / 그래 너 헤이 그래 바로 너 헤이 /
아름다워 사랑스러워 / 그래 너 헤이 바로 너 헤이 /
지금부터 갈 데까지 가볼까

아티스트 ㅣ 싸이
곡명 ㅣ 「강남 스타일」
앨범 ㅣ 「싸이6甲 Part 1」
발매 연도 ㅣ 2012

앞에서도 여러 번 얘기했지만, 아닌 게 아니라 사람들은 불경기에 찡그린 느낌의 우울한 노래가 아니라 오히려 현실과 정반대의 "갈 데까지 가보게 하는" 쾌활한 노래를 찾는 경향이 있다. 그래서 '불황이 대박 인기곡을 낳는다!'라는 속설이 국내외

음악계에 오래전부터 존재해왔다. 그 말이 결코 허황된 게 아니다. 1975년 조용필의 「돌아와요 부산항에」와 1980년 조용필 현상의 시작인 「창밖의 여자」가 모두 경기침체기에 인기를 누린 역사가 이를 증명한다. 서태지와 아이들의 1992년 「난 알아요」가 등장하기 직전에 상당수 가요 관계자들이 "이런 불황에 빅 히트곡이 나올 텐데"라고들 했다.

「강남 스타일」의 전 세계적 회오리는 한국인들뿐 아니라 많은 세계인들이 경제적 빈곤감과 박탈감에 빠져 있으며 이 현실을 경쾌한 노래로 순간이나마 잊고자 하는 심리를 보여주는 것이 아닐까. 대중가요는 이렇게 냉엄한 현실을 정반대로 표현하기도 한다. 물론 돌려 말하지 않고 직시하는 경우도 있다.

'노동계급의 대변인' 브루스 스프링스틴은 현실을 직시하는 뮤지션이다. 「강남 스타일」 열풍이 터지기 전인 그해 3월 그는 『레킹 볼Wrecking Ball』이란 앨범을 가지고 돌아왔다. 한사코 빨간 띠를 맨 블루칼라만을 위해 노래하던 그는 여기서는 모처럼 넥타이를 맨 화이트칼라에 대한 노래를 불렀다. 그 이유는 바로 '월가 시위' 때문이었다. 본인도 "월가의 탐욕을 비판하고 그것이 초래한 참상을 적나라하게 풀어낸 앨범"이라고 했다. 『롤링 스톤』지는 이 앨범을 그해 최우수 앨범으로 선정했다.

족쇄 풀린 금융산업이야말로 경제 불평등을 야기하면서 미국을 이 지경으로 몰고 온 악의 축이라고 성토하는 그는 한편으로 우리 스스로가 경각심을 가져야 한다고 당부한다. 앨범의 첫 곡 「우리 스스로를 돌보는 거야We Take Care of Our Own」이 전하는 메시지는 "이제 우리가 바짝 정신을 차려야 할 시대!"라는 것이다.

나는 왕위를 쥐고 있는 저 문을 두드리고 있어 /
나를 집으로 데려다줄 지도를 찾고 있어 /
난 휘청거리며, 돌처럼 굳어버린 양심을 만나고 있어 /
그 거룩한 의지의 길이 뼈처럼 말라버린 거야 /
우리 스스로를 돌보는 거야 / 우리 스스로를 돌봐야 해 /
깃발이 날리는 어느 곳에서든 우리는 스스로를 돌보는 거야 /
(……) 도와줄 곳은 아무도 없어 기병대는 집에 있어 /
나팔 소리를 듣는 사람이 아무도 없어

I've been knockin' on the door that holds the throne /
I've been lookin' for the map that leads me home /
I've been stumblin' on good hearts turned to stone /
The road of good intentions has gone dry as bone /
We take care of our own / We take care of our own /
Wherever this flag's flown / We take care of our own /
(…) There ain't no "help" but the cavalry stayed home /
There ain't no one hearing the bugle blowin'

아티스트 ┃ 브루스 스프링스틴Bruce Springsteen
곡명 ┃ 「우리 스스로를 돌보는 거야We Take Care of Our Own」
앨범 ┃ 『레킹 볼Wrecking Ball』
발매 연도 ┃ 2012

브루스 스프링스틴은 이 참혹한 경제적 역경을 헤쳐 나갈 수 있는 도전과 응원의 메시지를 담아 이 곡을 만들었다고 밝혔다. 수동적으로 하루하루를 살기보다는 냉혹한 경제 현실을 직시하고 맞서라고, 다시 일어나라고 당부한 것이다. 「희망과 꿈의 땅Land of Hope and Dreams」을 비롯한 『레킹 볼』 앨범의 노래에는 지금이 아메리칸 드림의 유토피아와는 정반대의 디스토피아일지 몰라도, 아무리 경제적 궁핍이 만연하는 현실일지라도 우리의 희망과 사랑은 짓밟힐 수 없다는 신념이 꿈틀거린다. 그는

2013년이 저물어가는 연말, 「드높은 희망High Hopes」이란 노래를 불렀다. 우리가 다시 일어서기 위한 버팀목은 분명 희망과 꿈일 것이다.

커다란 바퀴가 대지를 타고 달립니다 /
햇빛이 대지를 비추네요. 이 희망과 꿈의 땅에서 봐요 /
제가 그대에게 보여드리리다 / 전 당신을 응원할 겁니다 /
지금 이 마차를 타는 데 좋은 친구가 필요하잖아요 /
슬픔은 뒤로하고 / 지나간 날은 과거로 돌려버려요 /
내일은 해가 떠오르고 / 이 모든 어둠이 걷힐 겁니다

Big Wheels rolling through fields / Where sunlight streams /
Meet me in a land of hope and dreams / Well, I will provide for you /
And I'll stand by your side / You'll need a good companion now for /
This part of the ride / Leave behind your sorrows / Let this day be the last /
Tomorrow there'll be sunshine / And all this darkness past

아티스트 | 브루스 스프링스틴Bruce Springsteen
곡명 | 「드높은 희망High Hopes」
앨범 | 「블러드 브라더스Blood Brothers」
발매 연도 | 1995